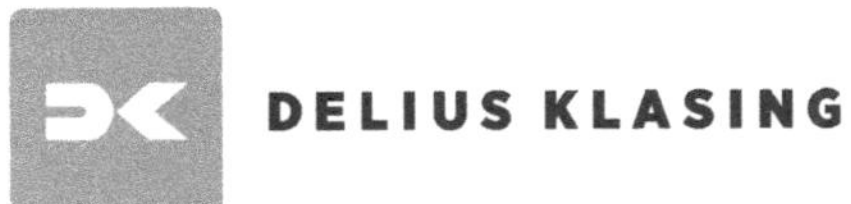
DELIUS KLASING

THOMAS
OLSTHOORN

AUSSERGEWÖHNLICHE
ETAPPENSIEGER
DER TOUR DE FRANCE

episch

Aus dem Niederländischen von René Stein

DELIUS KLASING VERLAG

inhalt

vorwort

Es ist der Traum eines jeden jungen Radrennfahrers, der nur etwas Ehrgeiz besitzt: eines Tages an der Tour de France teilzunehmen. Ihre reiche Geschichte, das berühmte Gelbe Trikot und die enorme Öffentlichkeitswirkung und Anziehungskraft machen die „Grand Boucle“ zum attraktivsten Rennen im Jahreskalender. Nicht nur in Europa – der Wiege dieses Sports –, sondern in allen Teilen der Welt. Jeder kennt die Frankreichrundfahrt. Nicht umsonst lautet die am häufigsten gestellte Frage wildfremder Menschen, die das Glück haben, mal live auf einen Radprofi zu treffen: „Schön, dass Sie den Radsport zu Ihrem Beruf gemacht haben, aber so richtig zählt man erst etwas, wenn man die Tour gefahren ist, oder?“

Eine Einstellung, die im Peloton von vielen prominenten Fahrern und auch anderen Experten geteilt wird, lautet: Man ist erst dann ein richtiger Fahrer, wenn man nach drei Wochen dieser furchtbaren Schinderei Paris erreicht und auch die letzten – und immer noch ziemlich anstrengenden – Runden auf den Champs-Elysées hinter sich gebracht hat.

Diese Rundfahrt bis zum Ende durchzustehen, ist das eine. Aber eine Etappe zu gewinnen, ist noch einmal etwas ganz anderes und eine Leistung, die jeden Sommer nur einer Handvoll Fahrern gelingt. Von den 176 Teilnehmern, die sich vor der ersten Etappe mit Unterschrift in die Starterliste eintrugen, gelang es in den letzten Jahren jeweils zwischen 13 und 17 Fahrern – die Spitzenkräfte können oftmals mehr als nur einen

Etappensieg für sich verbuchen –, mit zum Jubel erhobenen Händen über den Zielstrich zu fahren.

Für jeden Fahrer ist ein Sieg in Frankreich der Höhepunkt – zumindest einer der Höhepunkte – während einer Saison. In einigen Fällen ist es die Frucht jahrelanger Arbeit, etwa bei einem Sprinter, der lange Zeit darauf hingearbeitet hat, sich an die Spitze seiner Zunft vorzukämpfen. Aber es kann genauso völlig überraschend kommen, wie etwa bei einem Bergfahrer, der nach dem wer weiß wievielten Versuch endlich mal den Sieg davonträgt. Und für einen Fahrer, der nur von Zeit zu Zeit mal erfolgreich ist, kann ein solcher Etappensieg die Krönung der gesamten Karriere bedeuten.

Und gleichzeitig ist so ein Etappensieg viel mehr als nur ein ruhmreicher Eintrag in die Annalen der Tour. Radrennen ist ein knallhartes Business, bei dem Leistung abgeliefert werden muss. So ein Sieg auf der allergrößten Bühne kann das heiß ersehnte Ticket für einen neuen oder besseren Vertrag sein. Oder noch schöner: die Unterschrift bei einer großen Equipe.

Dennoch bleiben nicht alle Etappensieger im kollektiven Gedächtnis präsent. Ruhm ist schließlich vergänglich, und die Rennräder rollen immer weiter, auch nach der Tour. Sechs Tage nach dem Zieleinlauf auf den Champs-Elysées steht ein Teil des Pelotons schon wieder im Baskenland bei der Clásica San Sebastián am Start. Und einige der Fahrer haben sich zuvor bereits wieder bei Kriterien-Rennen in den Niederlanden oder Belgien gezeigt.

Als Mike Teunissen im Winter 2022/23 von Jumbo-Visma zu Intermarché-Circus-Wanty wechselte, wussten viele seiner Kollegen nicht mehr von ihm, als dass er beim Grand Départ in Brüssel den Prolog gewonnen und damit gleichzeitig das Gelbe Trikot erobert hatte – ein Erfolg, der schon dreieinhalb Jahre zurücklag.

Von daher besteht dieses Buch aus Geschichten über Etappensieger und Etappensiegerinnen(!) aus der jüngeren Tour-Vergangenheit, die entweder noch aktiv sind oder ihre Karriere gerade beendet haben und in der letzten Dekade einen erinnerungswürdigen Tag in Frankreich erlebt haben. Einige kommen aus den Niederlanden, einige aus Deutschland, andere wiederum von weit her und von fernen Kontinenten. Sie hatten buchstäblich einen langen Weg vor sich, um sich überhaupt im europäischen Radsportzirkus durchzusetzen und sich die Sporen für einen Start bei der Grand Boucle zu verdienen. Auf ihrem Weg zum Erfolg sahen sie sich auch mit Hindernissen und Rückschlägen konfrontiert: Zweifel, Formkrisen, Stürze, Blessuren und private Belastungen.

Fabio Jakobsen hat es nach seinem Etappensieg bei der Tour de France 2022 sehr treffend beschrieben: „Wenn es leicht wäre, würden viel mehr Menschen eine Tour-Etappe gewinnen. Aber es ist niemals einfach, auf dieses Niveau zu kommen – und dann auch noch zu gewinnen. Alle Fahrer und Fahrerinnen, denen es gelingt, ihren Namen unter eine Etappe zu setzen, bringen ihre ganz persönliche Geschichte mit."

Eine Auswahl von solchen Geschichten wird in diesem Buch vorgestellt. Einige Gewinner werden wahrscheinlich noch lange in Erinnerung bleiben, während andere möglicherweise schon wieder in Vergessenheit geraten sind. So schnell kann es gehen, bei der Tour allemal, steht doch am Folgetag bereits eine neue Etappe an und damit auch wieder ein neuer Etappensieger.

lars boom

TANZ AUF DEM KOPFSTEINPFLASTER

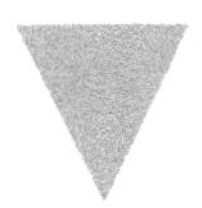

Im Bus vom Team Belkin herrschte Stress, und das nicht zu knapp. Die Fahrer schlugen sich mit Beinlingen, Überschuhen und den diversen Kleidungsstücken herum, die sie bei der aktuellen Wetterlage am sinnvollsten überstreifen konnten. Unterdessen gab es unter ihnen und mit der Teamleitung eine Diskussion darüber, ob es besser sei, auf Reifen mit einer Breite von 28 Millimetern zu setzen oder die etwas breiteren 30er zu wählen. Während er seine Teamkollegen dabei beobachtete, wie sie an ihren Jacken herumhantierten, rieb sich Lars Boom Beine, Gesäß und Rücken mit einer Salbe ein, die dafür sorgen sollte, dass diese Körperteile später im Rennen warm bleiben würden. Er wollte sich nicht vorab unnötige Schichten überstreifen, die er später im Rennen ohnehin wieder ausziehen müsste.

Schon seit Tagen gab es innerhalb des Teams nur ein Gesprächsthema, nämlich die Wetterbedingungen an diesem Mittwoch, dem 9. Juli 2014. Die Tour de France hatte dieses Jahr nicht in Frankreich, sondern in England begonnen, wohlgemerkt. Aber sie alle waren vollauf mit der fünften Etappe von Ypern nach Arenberg beschäftigt, vor allem mit den Kopfsteinpflasterpassagen in der zweiten Hälfte. Für die Klassementfahrer im Peloton war dies die Etappe schlechthin, die es zu beachten galt: Hier konnte die Tour verloren gehen, bevor auch nur ein einziger bedeutender Berg erklommen worden war.

Mit Bauke Mollema und Laurens ten Dam hatte Team Belkin zwei Spitzenfahrer in seinen Reihen, die wie im Vorjahr eine gute Platzierung anstrebten. Das niederländische Team wollte das Minenfeld der Kopfsteinpflasterabschnitte so gut es ging überstehen, aber auf dem unberechenbaren Pavé war alles möglich. Fehler oder Unachtsamkeiten führten schnell zu Stürzen oder Zeitverlusten, und genau das sorgte für die hohe Anspannung und Nervosität.

Boom hingegen war entspannt. Im Gegensatz zu vielen seiner Teamkollegen hatte er in den letzten Tagen nicht ständig die Wettervorhersage gecheckt; als ehemaliger Querfeldein-Fahrer hatte er sich diese Macke längst abgewöhnt. Beim Cyclocross ändert sich der Untergrund sehr schnell, wenn die Fahrer Runde um Runde auf demselben Parcours drehen und damit den Boden mürbe und aus ihm einen besseren Acker machen. Es hatte also keinen Sinn, sich schon Tage im Voraus den Kopf zu zerbrechen. Boom hielt das für reine Energieverschwendung. Sein Stil war es, die Ruhe zu bewahren, abzuwarten und zu sehen, wie die Bedingungen am Tag selbst sein würden, und dann so gut wie möglich damit umzugehen.

Allein eine Schwellung an der Hüfte machte ihm etwas zu schaffen, die er sich bei einem Sturz im Finale der dritten Etappe in London zugezogen hatte. Diese Verletzung hatte er seinem Teamkollegen Stef Clement zu verdanken, der in einer Kurve zu spät abgebremst und bei seinem Sturz ein paar Männer mitgerissen hatte. Boom war über die Aktion seines Teamkollegen nicht gerade erfreut gewesen. Auch für ihn zählte der bevorstehende fünfte Tagesabschnitt zu den Schlüsseletappen. In der Tat war es für den aus dem niederländischen Brabant stammenden Fahrer der wichtigste Tag der Tour. Als Klassikerspezialist war ihm diese Etappe auf den Leib geschneidert und bot eine große Chance für einen persönlichen Erfolg. Glücklicherweise stand bereits nach der dritten Etappe wegen des Transfers von England nach Frankreich ein Ruhetag an. Auf der vierten Etappe durfte sich Boom dann ein bisschen ausruhen, um Energien zu sparen und sich vollständig zu erholen.

Aber das war nun Vergangenheit, und er bereitete sich auf den bevorstehenden Höllenritt vor.

Trotz all dem Stress im Bus, der deutlich zu spüren war, befand sich Boom in seiner eigenen Welt. Nachdem er sich umgezogen und seinen Kollegen noch ein paar letzte Tipps in Bezug auf den Reifendruck gegeben hatte, beschloss er, der Hektik für eine Weile den Rücken zu kehren. Boom stieg aus dem Bus und ging zu seiner Frau, die mit ihren beiden Töchtern und seinen Eltern zum Startort der Etappe angereist war. Einfach nur kurz Hallo sagen und sie umarmen, das würde ihm guttun.

Egal, wie schlecht das Wetter war, ihm selbst schien gerade die Sonne; genauer gesagt: Seit er an diesem Morgen aufgestanden war und die Vorhänge beiseitegeschoben hatte. Zu seiner großen Freude regnete es in Strömen, und auf den Straßen sammelte sich das Wasser in Pfützen. Darauf hatte er seit Jahren gehofft: ein Rennen auf nassem Kopfsteinpflaster!

Mehr als ein Jahrzehnt zuvor, es ist der 30. Mai 2004. Lars Boom wirft einen Blick nach draußen und ruft seinem Mitbewohner zu: „Oh Mann, prima, es regnet!“ Michiel Elijzen sah ihn mitleidig an. Was um alles in der Welt war denn so schön daran, im Regen Rad zu fahren? Und dann auch noch auf dem berüchtigten Kopfsteinpflaster in Nordfrankreich. In jenem Winter war der damals 18-jährige Boom als Nachwuchsfahrer zu Rabobank Continental gekommen, einem Nachwuchsteam der größten niederländischen Profi-Equipe mit dem berühmten orangenen Trikot. Als Querfeldeinfahrer hatte er sich bereits einen Namen gemacht, nachdem er ein Jahr zuvor Juniorenweltmeister geworden war. Doch neben Querfeldein zog es Boom auch auf die Straße, vor allem die flämischen Klassiker ließen sein Rennfahrerherz höherschlagen. Nun freute er sich darauf, beim sagenumwobenen Paris-Roubaix an den Start zu gehen, in seinen Augen der heroischste aller Klassiker.

Nun, das erste Kennenlernen verlief fantastisch. Als behänder Lenker – dank Querfeldein-Rennen im Schlamm und auf nassem Gras – fühlte er sich auf dem rutschigen Kopfsteinpflaster wohl wie ein Fisch im Wasser. Lediglich ein Sturz in einer Asphaltkurve machte eine Spitzenplatzierung zunichte. Boom überquerte die Ziellinie als 21., etwas über vier Minuten hinter dem Sieger und Rabobank-Teamkollegen Koen de Kort. Doch für ihn spielte das alles keine Rolle. Schon als er Paris-Roubaix noch im Fernsehen verfolgte, hatte er das Rennen stets als besonders schön empfunden, und seit diesem Tag hatte ihn endgültig die Faszination für die „Hölle des Nordens" gepackt.

Ursprünglich standen an jenem Tag im Juli 2014 neun Kopfsteinpflasterabschnitte auf dem Programm, aber die Organisatoren hatten am Morgen der Etappe beschlossen, Mons-en-Pévele und Orchies à Beuvry-la-Forêt von der Strecke zu nehmen. Aufgrund des Regens stand auf diesen Sektoren zu viel Wasser, sie wurden als zu gefährlich eingestuft. Boom verstand diese Entscheidung, aber aus seiner Sicht hätte das nicht sein müssen. Je mehr Kilometer über das Pavé, desto besser, fand er. Im Gegensatz zu seinen Belkin-Teamkollegen, die sich ausnahmslos für Reifen mit 30 Millimeter Breite entschieden, hatte Boom sein Bianchi mit 28-Millimeter-Reifen ausgestattet.

„Auch weil wir die ersten 80 Kilometer auf Asphalt gefahren sind. Die Anspannung im Peloton wegen des Kopfsteinpflasters nimmt zu, je näher man den Sektoren kommt. Es würde hart gefahren werden, und wegen des schlechten Wetters würden schnell Löcher. Ich entschied mich daher für etwas schmalere Reifen und einen etwas höheren Druck als in Roubaix üblich: 5,6 bar hinten und 5,4 bar vorne. Damit sollte ich etwas schneller unterwegs sein und würde im ersten Teil der Etappe weniger Energie benötigen. Mit den 28-Millimeter-Reifen hatte ich keine Probleme, ich vertraute ihnen und fühlte mich auf dem Kopfsteinpflaster sicher. Ich habe mich auf dem Rennrad immer wohlgefühlt, wenn es geregnet hat.

Noch bevor wir den ersten Sektor erreichten, herrschte bereits das reinste Chaos. Der Straßenbelag war so rutschig, dass die Fahrer in Kreisverkehren manchmal die Kontrolle verloren und einfach wegschlidderten.“ Große Namen wie Alejandro Valverde und Tejay van Garderen waren früh gestürzt und fuhren hinterher. Für Chris Froome lief es noch schlimmer: Der Brite hatte bereits am Vortag Bekanntschaft mit dem Asphalt gemacht und blieb auch dieses Mal nicht verschont. Nach zwei Stürzen innerhalb kürzester Zeit war seine Moral gebrochen; ziemlich zerknautscht und angeschlagen gab der amtierende Tour-Sieger auf.

In Gruson a Carrefour de l'Arbre wartete die erste Kopfsteinpflasterpassage. Innerhalb kürzester Zeit war das Peloton gesprengt. Die leichten Kletterer wurden richtig durchgeschüttelt, und die Klassementfahrer bremsten hektisch, aus Angst, aufs Pflaster zu krachen. Nur die Draufgänger und Spezialisten konnten sich an der Spitze behaupten, so auch Boom. Wegen der schmaleren Reifen war er ständig darauf bedacht, den Grip nicht zu verlieren, und falls es doch einmal vorkam, hieß es, sich schnell wieder zu sammeln und gut durch die Kurven zu kommen. „Kopfsteinpflaster ist natürlich etwas anderes als Querfeldein, aber ich weiß, was zu tun ist, wenn mein Hinterrad wegrutscht. Vor allem darf man nicht in Panik geraten. Ich bin es gewohnt, dass mein Rad sozusagen ständig schliddert, und ich wusste daher genau, was zu tun war. Die Kunst, auf dem Kopfsteinpflaster ohne Schaden voranzukommen, besteht darin, wegen der zahlreichen Schlaglöcher von Zeit zu Zeit aus dem Sattel zu gehen, in den Kurven nach Möglichkeit weiterzutreten, den Druck auf den Pedalen hochzuhalten und unbedingt die richtige Linie zu finden. Ich habe es immer als eine Art Tanz angesehen. Es ist ein ständiges Spiel mit dem Körper und dem Fahrrad, um die Schläge so gut wie möglich abzufangen und so leichter durch die Sektoren zu kommen.“

Nach früheren Teilnahmen als vielversprechender Nachwuchsfahrer gab Boom 2010 bei Paris-Roubaix sein Debüt bei den großen Jungs. Zwei Jahre zuvor hatte er nach seinem Cross-Weltmeistertitel bereits für Aufsehen gesorgt, als er Niederländischer Meister sowohl im Straßenrennen als auch im Zeitfahren wurde und als 22-jähriges Multitalent die besten Fahrer des Landes deklassierte. Und das, während er noch für das Continental Team von Rabobank fuhr. Ein Wechsel zu den Profis von Rabobank war unvermeidlich und folgte 2009. Boom startete fulminant, er siegte bei der Belgien-Rundfahrt und holte sich eine Etappe bei der Vuelta a España. Ein weiteres Jahr später trat er erstmals bei den Klassikern an und erlebte in Roubaix seine Feuertaufe. Als Debütant schaffte er es bis ins Vélodrome, wenn auch außerhalb des Zeitlimits. Nach der Zielankunft eilte er zu den berühmten Duschen, wo die in Stein eingefassten Kabinen mit den Namen legendärer Sieger wie Fausto Coppi, Eddy Merckx, Roger De Vlaeminck, Francesco Moser, Johan Museeuw und Tom Boonen versehen sind.

Drei Monate später, im Juli 2010, debütierte Boom bei der Frankreichrundfahrt. Die dritte Etappe führte das Peloton ebenfalls nach Arenberg, auf dem Weg dorthin waren insgesamt sieben Kopfsteinpflasterpassagen zu bewältigen. Als junger Helfer hatte er die Aufgabe, die Kapitäne Denis Menchov und Robert Gesink sicher über die gefährlichen Sektoren zu geleiten.

„Die Sportlichen Leiter trafen diese Entscheidung, und ich hatte auch nichts dagegen. Ich war noch nicht so weit, als dass ich hätte um den Sieg mitfahren können, und blieb an diesem Tag bei Menchov. Er hatte ein Jahr zuvor den Giro gewonnen und eine realistische Chance auf eine gute Platzierung im Gesamtklassement. Ich hatte das Gefühl, dass ich zu diesem Zeitpunkt ein Teamplayer sein musste. Aber nach der Etappe hat es mich doch etwas gewurmt, weil wir nicht um den Sieg mitgefahren sind. Bei zukünftigen Tour-Etappen mit Pavé-Sektoren wollte ich darauf drängen, auf eigene Rechnung fahren zu dürfen."

In den folgenden Jahren entwickelte sich Boom an der Seite des Belgiers Sep Vanmarcke zu einem Spezialisten bei den flämischen Klassikern, zunächst bei Rabobank und dann – nach dem Rückzug des Hauptsponsors 2012 – bei Blanco und Belkin. Bei seiner zweiten Teilnahme in Roubaix wurde er Zwölfter, ein Jahr später rollte er als Sechster im Vélodrome André Pétrieux über den Zielstrich, in der ersten Gruppe hinter dem unantastbaren Boonen. Im Jahr 2013 folgte ein 14. Platz.

Im Oktober desselben Jahres nahm Boom gerade an der Tour of Hainan teil, als die Strecke der Tour 2014 bekannt gegeben wurde. Zu seiner Freude entdeckte der Brabanter, dass wie bei seinem Debüt drei Jahre zuvor eine Kopfsteinpflasteretappe nach Arenberg auf dem Programm stand. „Als ich das sah, wollte ich unbedingt wieder an der Tour teilnehmen. Ich wusste, dass ich gebraucht wurde, denn ich war für Flachetappen und leichte Anstiege ein idealer Helfer. Auch unsere Kapitäne Bauke Mollema und Laurens ten Dam hatten Vertrauen in mich, weil ich sie im Feld stets gut positionieren konnte."

Im Frühjahr stand dann für Boom mit Paris-Roubaix erst einmal der Frühjahrsklassiker im Rennkalender, was allerdings nicht aufgrund seiner guten Leistungen zustande kam. Er war bei Paris-Nizza gestürzt, hatte sich einen Riss im Radiusköpfchen des Ellenbogens zugezogen und war gezwungen, seinen Lieblingsklassiker in sein Programm zu integrieren, um überhaupt Wettkampfpraxis zu haben. Seit seinem Wechsel zu den Profis hatte Boom es nicht mehr erlebt, dass es bei der „Hölle des Nordens" geregnet hätte, und so war es auch dieses Mal. Doch selbst bei trockenen Verhältnissen konnte er sich gut über die teils miserablen Feldwege schlängeln, wusste aber aus seiner Zeit als Nachwuchsfahrer, dass er bei schlechtem Wetter noch besser abschneiden würde. Zu einem denkbar ungünstigen Zeitpunkt verhakte sich dann seine Kette, damit waren alle Hoffnungen auf einen Schlusssprint zunichte. Boom wurde 37. und musste mit ansehen, wie Niki Terpstra den Siegerpokal – einen Pflasterstein – entgegennahm. Nicht er, sondern einer seiner größten Konkurrenten löste Servais Knaven als ersten niederländischen Gewinner seit dreizehn Jahren ab.

Nach seinem insgesamt enttäuschenden Frühjahr legte Boom dann den Schalter um und nahm die Tour de France ins Visier. „Sep und ich hatten im Vorfeld deutlich gemacht, dass wir auf der Kopfsteinpflasteretappe auf eigene Rechnung fahren wollten. Wir hatten eine ernsthafte Chance, die Etappe zu gewinnen, und diese Gelegenheit konnten wir uns keinesfalls entgehen lassen. Unser Team bestand aus neun Fahrern. Es gab also fünf weitere Fahrer, die Bau und Lau helfen konnten, das musste reichen. Die Sportlichen Leiter waren einverstanden. Sep und ich mussten uns also nicht um die Kapitäne kümmern, wir konnten unser eigenes Rennen fahren."

Nach 130 Kilometern und drei Sektoren bot sich dem Zuschauer das reinste Schlachtfeld dar. So etwas wie ein Hauptfeld existierte schon lange nicht mehr, stattdessen diverse Splittergruppen, bei denen die Abstände zwischen einer und mehreren Minuten differierten. Die Spitzengruppe mit den Anwärtern auf den Etappensieg bestand nur noch aus 16 Fahrern. Von den Favoriten auf den Gesamtsieg konnte sich nur der Träger des Gelben Trikots, der Italiener Vincenzo Nibali vom Team Astana, an der Spitze halten, sowie einige seiner Domestiken, darunter der holländische Topfahrer Lieuwe Westra. Für Belkin waren noch Boom und Vanmarcke vertreten.

25 Kilometer vor dem Ziel, zu Beginn des vierten Sektors von Sars-et-Rosieres nach Tilloy-les-Marchennes, hatte Vanmarcke einen Platten. Boom teilte dem Begleitfahrzeug über Funk mit, dass es seinen Teamkollegen erwischt hätte. Nur etwa zwei Kilometer später setzte er sich an die Spitze und fuhr eine Attacke, um die Gruppe, zu der auch die Klassikerspezialisten Fabian Cancellara, Peter Sagan und Michal Kwiatkowski gehörten, weiter auszudünnen.

„Sep und ich waren Teamkollegen, aber jeder von uns ist sein eigenes Rennen gefahren. An diesem Tag fuhr ich nur für mich, und selbst wenn es im Nachhinein Ärger gegeben hätte, es wäre mir egal gewesen. Für mich kam es nicht ganz ungelegen, dass er einen Reifenschaden hatte. Persönlich habe ich gar nichts gegen Sep, er ist ein super netter Kerl, aber zu jenem Zeitpunkt beharkten wir uns intern innerhalb des Teams. Er hatte schon bei der Flandernrundfahrt und bei Paris-Roubaix auf dem Podium gestanden, sodass die Sportliche Leitung dazu tendierte, ihm alle Unterstützung zukommen zu lassen. Ich bekam das Gefühl, langsam ins Hintertreffen zu geraten. Das lag auch an dem, was einige Monate zuvor in Roubaix passiert war. Ich hatte einen Defekt, und im Anschluss daran kämpfte ich mich durch die Nachzügler hindurch wieder nach vorn. Ich befand mich direkt hinter unserem Teamfahrzeug, doch anstatt so zu fahren, dass ich mich im Windschatten wieder ransaugen konnte, gaben die Teamchefs Nico Verhoeven und Jan Boven Gas und ließen mich einfach zurück. Bei solchen Aktionen hatte ich schon das Gefühl, dass ihnen mehr an Sep gelegen war und ich nicht mehr wirklich gebraucht wurde."

Ein weiterer negativer Punkt betraf seine Familie. Boom war relativ jung Vater geworden und liebte es, wenn seine Frau und seine Kinder bei den Rennen dabei waren oder ihn im Trainingslager besuchten. Die Sportlichen Leiter von Belkin allerdings jubelten nicht gerade vor Begeisterung. „Ich hatte regelmäßig Streit mit Leuten aus dem Team, weil meine Frau bei den Rennen dabei war. Ohne dass etwas gesagt wurde, gab man ihr das Gefühl, nicht wirklich willkommen zu sein. Ich hingegen fand es wichtig, dass sie dabei war, ich bin immer gut gefahren, wenn ich meine Familie um mich herum wusste. Bei Jumbo-Visma verfahren sie übrigens nach einer ganz anderen Philosophie. Während der Höhentrainingslager laden sie die Familien für ein paar Tage ein. Das ist wichtig für einen Fahrer. Ich habe das Gefühl, dass sie aus dieser Situation damals etwas mitgenommen haben."

Während seine Frau, seine Kinder und seine Eltern am Zielstrich in Arenberg warteten, strampelte Boom auf der Straße weiter. Im Gegensatz zu seinen Konkurrenten, die in einem dicken Gang unterwegs waren, bevorzugte Boom einen leichteren Gang, was ihm schon sein Vater beigebracht hatte. Eine hohe Kadenz erleichterte es ihm nicht nur, auf dem Kopfsteinpflaster neue Situationen schneller zu antizipieren, sondern auch eine Lücke zuzufahren oder den Gang zu wechseln. Je näher das Ziel rückte, desto mehr hatte er das Gefühl, dass Cancellara und Sagan – die er als die gefährlichsten Gegner im Hinblick auf den Tagessieg ansah – keine Körner mehr für eine richtige Attacke hatten.

Dieses Gefühl wurde stärker, als Nibali und seine Mitstreiter aus dem Astana-Team Lieuwe Westra und Jakob Fuglsang auf dem vorletzten Sektor plötzlich anzogen. Boom war der Einzige, der ihr Hinterrad halten konnte, und als Quartett stürmten sie in Richtung d'Hellesmes a Wallers. „Meine Idee war, dass ich nach einer Tempoverschärfung die Geschwindigkeit halten würde und die anderen auf diese Weise abhängen könnte. Ich wollte und würde das letzte Teilstück als Erster in Angriff nehmen. Ich beschloss also, Vollgas zu geben und zu schauen, was passiert. Nibali hatte bereits eine Etappe gewonnen und lag gut in der Gesamtwertung; ihm ging es sowieso mehr darum, so viel Zeit wie möglich auf seine Konkurrenten gutzumachen. Mein Ziel war es, die Jungs von Astana auf dem Kopfsteinpflaster abzuschütteln – wenn mir das gelang, blieb nur noch ein Zeitfahren über fünf Kilometer bis ins Ziel."

Eine halbe Stunde nachdem er sich endgültig absetzen konnte, wurde ein überglücklicher Boom auf dem Podium als Etappensieger geehrt – mit Töchterchen Kee auf dem Arm. Es war ein unvergesslicher Moment, und zwar nicht nur für ihn persönlich, sondern auch für den Radsport in Holland: Seit Pieter Weening im Jahr 2005 hatte es kein Niederländer mehr geschafft, eine Tour-Etappe zu gewinnen. Es waren sehr magere Jahre mit nur sehr wenigen Lichtblicken, doch mit seinem Sieg, genau neun Jahre später, beendete Boom diese lange Durststrecke. Und das auf heldenhafte Weise in einer denkwürdigen Etappe, die noch lange im kollektiven Gedächtnis haften bleiben wird.

Zu Beginn dieser Tour de France hatte Boom noch keine endgültige Entscheidung über seine Zukunft getroffen. Vier

Tage nach seinem Triumph, am ersten Ruhetag, begannen die Gespräche zwischen seinem Management und interessierten Teams. Sein Sieg kam genau zum richtigen Zeitpunkt: Vor der Tour wurden nur wenige Gespräche geführt. „Ich hatte wegen meines Sturzes bei Paris-Nizza kein so gutes Frühjahr gehabt, sodass von dieser Kopfsteinpflasteretappe viel für meine Zukunft abhing. Auch für Belkin war der Sieg wichtig, denn das Team war damals auf der Suche nach Sponsoren. Danach nahm die Sache Fahrt auf. Nach den ersten Gesprächen erhielt ich am zweiten Ruhetag ein Angebot von Alexander Winokurow, dem Teamchef von Astana, und ich beschloss, Belkin zu verlassen. Abgesehen davon, dass ich mich nicht zu 100 Prozent willkommen fühlte, war nach elf Jahren beim gleichen Team die Zeit reif für eine neue Herausforderung. Nach der letzten Etappe in Paris habe ich ab der nächsten Saison für zwei Jahre bei Astana unterschrieben."

Sein Wechsel zur kasachischen Formation wurde nicht von allen goutiert. Manager Winokurow war ein überführter Dopingsünder, und kurz nach Bekanntgabe von Booms Wechsel wurden im Oktober 2014 einige Astana-Fahrer mit verbotenen Substanzen erwischt. „Ich war immer gegen Doping und gegen das, was Winokurow getan hatte. Natürlich habe ich darüber nachgedacht, als ich meine Entscheidung getroffen habe, aber ich habe kein Problem darin gesehen. Bei der Tour konnte ich beobachten, dass Astana wirklich als Team gefahren ist. Ich hatte das Gefühl, dass ich hinter meiner Entscheidung stehen müsste. Die Leute dachten alle, ich würde wegen des Geldes zu Astana gehen, aber das war gar nicht der Fall. 2011 hatte ich einen Dreijahresvertrag bei Rabobank unterschrieben, und ich wäre damals sehr dumm gewesen, wenn ich dieses Angebot ausgeschlagen hätte. Es war der größte Vertrag meiner Karriere, der zudem ein lukratives Prämiensystem vorsah. Zusammen mit den Klassementfahrern gehörte ich damals zu den Großverdienern innerhalb des Teams. Bei Astana habe ich immer noch viel Geld verdient, und da war ich wirklich froh drüber, aber es war etwas weniger als in den Jahren zuvor. Aber das war mir egal. Ich hatte Belkin verlassen, weil ich bereit für etwas anderes war, für neue Leute um mich herum. Bei Astana arbeiteten eine Menge Italiener, Familienmenschen schlechthin also, und ich habe mich dort sofort zu Hause gefühlt. Die Mechaniker waren verrückt nach den Kindern, und meine Frau hatte niemals das Gefühl, ein störendes Anhängsel zu sein. Es war einfach immer sehr lustig, wenn sie vorbeikamen."

Zehn Monate nach seinem Erfolg in Arenberg war Boom zurück auf dem französischen Pavé. Im türkisfarbenen Trikot von Astana gehörte er – bei erneut trockenen Wetterverhältnissen – zu den besten Fahrern des Rennens. Eine Woche nach seinem sechsten Platz bei der Flandernrundfahrt kam es auf dem Vélodrome zum Sprint um den Sieg, auch für Boom eine neue Erfahrung; aber er hatte keine Körner mehr in den Beinen. Der Tank war völlig leer, und so belegte er den undankbaren vierten Platz hinter dem Podium, das sich aus John Degenkolb, Zdeněk Štybar und Greg van Avermaet zusammensetzte.

Näher kam Boom einem Sieg bei seinem Lieblingsrennen nicht mehr. Sowohl 2016 als auch 2017, als er nach zwei Jahren bei Astana zu seinem alten Team, das nunmehr LottoNL-Jumbo hieß, zurückkehrte, erreichte er nicht einmal das Ziel. Ein Jahr später konnte er nicht teilnehmen, weil er wegen Herzrhythmusstörungen operiert worden war und danach nicht genug Zeit hatte, um wieder in Form zu kommen. 2019 fuhr Boom, dieses Mal im Leibchen von Roompot-Charles, zum neunten und letzten Mal durch die „Hölle des Nordens". Er belegte den 74. Platz, mit einigem Abstand zum Sieger Philippe Gilbert.

Nach diesem denkwürdigen 9. Juli 2014 war ihm eine weitere Teilnahme bei Paris-Roubaix unter nassen Bedingungen nicht mehr vergönnt. Wegen Corona fand der Klassiker, der zu den Monumenten des Radsports gehört, zweimal in Folge nicht statt. Erst im Oktober 2021 – zu diesem Zeitpunkt hatte Boom die Radschuhe bereits an den Nagel gehängt und eine neue Karriere als Teamchef begonnen – sollte das Rennen wieder ausgetragen werden. „Der vierte Platz von 2015 nagt immer noch ein wenig an mir. Es war das beste Frühjahr in meiner Karriere. Damals hätte ich eigentlich aufs Podium fahren *müssen,* aber das war leider nicht mehr drin. Es ist wirklich schade, dass ich nie wieder Roubaix unter regnerischen Bedingungen gefahren bin. *That's life.* Aber dieser Tour-Etappensieg hat mir immer sehr viel bedeutet und tut es immer noch. Es war ein superschöner Tag. Das Rennen ist mir wirklich auf den Leib geschneidert."

marcel kittel

DER WIEDERHOLUNGSTÄTER

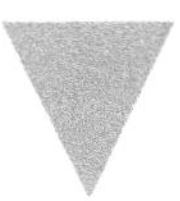

Es war Mitte April 2014, und für die Klassikerspezialisten von Giant-Shimano endete das Frühjahr mit dem Klassiker Paris-Roubaix. Die französische „Hölle des Nordens“ bildete den Abschluss einer intensiven Zeit, in der sie viele Rennen gefahren waren und lange Wochen in Hotels verbracht hatten. Doch so sehr sie sich auch auf die Heimreise freuten, ein letzter Termin stand noch an, und zwar nicht mit dem Auto, sondern mit dem Flugzeug. Das Ziel lautete England, die Grafschaft Yorkshire, um genau zu sein. Mit an Bord des Flugzeugs war auch der Sprinter Marcel Kittel. Einige Tage zuvor hatte er den Scheldeprijs gewonnen und mit seinem dritten Sieg in Folge bei diesem belgischen Eintagesrennen, das auch als inoffizielle Weltmeisterschaft der Sprinter bezeichnet wird, einen Hattrick erzielt. Entsprechend gut war seine Stimmung, als die Maschine nach der Überquerung des Ärmelkanals auf dem Flughafen Leeds-Bradford landete. Für den 25-jährigen Kittel war es der erste Besuch im Vereinigten Königreich. Der Arnstädter war jetzt Profi im vierten Jahr und hatte in seiner Karriere schon viele Länder bereist, England aber war für ihn noch ein unbeschriebenes Blatt.

In knapp 80 Tagen stand der Grand Départ der 101. Tour in Yorkshire an, und die Sportliche Leitung rechnete sich Chancen beim Prolog und auf den ersten Etappen aus. Daher hielt es die Teamleitung von Giant-Shimano für sinnvoll, dass sich die Fahrer bei einer gründlichen Erkundungsfahrt selbst ein Bild von der Strecke machten. Für Kittel war schon seit Monaten klar, dass er nach seiner erfolgreichen Teilnahme an der Frankreich-Rundfahrt 2013, bei der er auf nicht weniger als vier Etappensiege kam und zum ersten Mal in seiner Karriere das Gelbe Trikot überstreifen durfte, wieder dabei sein würde. Die Aussichten wurden sogar noch besser, als er erkannte, dass das Ziel der ersten Etappe in Harrogate etwa 30 Kilometer nördlich von Leeds alles hatte, was es für eine Sprintankunft brauchte. Für den sehr endschnellen Kittel zeigte sich damit die Möglichkeit, erneut ins Gelbe Trikot zu fahren – bis er bei der Erkundungsfahrt feststellen musste, dass Yorkshire viel hügeliger war, als er gedacht hatte. Und die letzten Kilometer bis zum Ziel waren auch nicht gerade topfeben. „Bis dahin hatte ich immer wieder gehört, dass dies eine gute Gelegenheit für mich wäre", sagt Kittel. „Aber die Insel war völliges Neuland für mich, und es stellte sich heraus, dass die erste Etappe saftige 2.000 Höhenmeter hatte. Ich dachte: ‚*Holy shit*, die wird superschwer.' Ich wusste augenblicklich, dass ich an meine Grenzen würde gehen müssen, vor allem, wenn gleich von Beginn an hart gefahren werden würde. Ich war also ein bisschen geschockt, auch von der Zielankunft selbst. Das Finale war alles andere als einfach: Auf dem letzten Kilometer gab es einen kleinen Anstieg, dann ging es rasend schnell bergab, bevor die letzten 400 Meter bis zum Zielstrich wieder anstiegen. Das Timing war entscheidend. Ich musste erspüren, wann ich etwas nachlassen konnte und dann wieder stärker in die Pedale treten musste, und gleichzeitig die Konkurrenten im Auge behalten. Das alles versprach nicht gerade einfach zu werden."

Zwar hatte Kittel nach dem Kurztrip nichts von seinem Selbstvertrauen eingebüßt, nervös war er dennoch. „Ich wusste genau, was mich erwartete, und mir war klar, dass wir eine gute Vorbereitung brauchten. Ich sagte mir: ‚Wenn ich da gewinnen will, muss ich noch besser sein als 2013 und auf den letzten

Metern noch stärker.‘ Es war eine Herausforderung, nicht nur für mich, sondern für das ganze Team. Das ist es sowieso, wenn man eine Leistung aus dem Vorjahr wiederholen will. Es galt, einen Titel zu verteidigen – zumindest fühlte es sich für uns so an.“

Anfang Juli betrat Kittel wieder britischen Boden. Die Vorbereitung war abgeschlossen, jetzt hieß es: Showtime. Nach der Streckenbesichtigung hatte er am Giro d’Italia teilgenommen, zumindest an dessen erster Hälfte. In Gesprächen mit der Sportlichen Leitung war er vor Saisonbeginn zu dem Schluss gekommen, dass die Italien-Schleife eine gute Vorbereitung für die Tour sein würde. Außerdem bot sie Kittel die Chance, sich auch bei der dritten Grand Tour in die Siegerliste einzutragen.

Er kam seinem Auftrag mit Bravour nach. Nach dem Mannschaftszeitfahren gewann er sowohl die zweite Etappe in Belfast als auch die dritte Etappe nach Dublin bei der (nord)irischen *Grande Partenza*. Während des Ruhetags und des Transfers mit dem Schiff bekam er dann aber Fieber und musste daher sein Italien-Debüt vorzeitig abbrechen. Dies war auch der Moment, in dem er den Schalter im Kopf umlegte und sich ausschließlich auf die Tour konzentrierte. Nach einem Höhentrainingslager in der Sierra Nevada in Südspanien hatte er bei der ZLM-Tour (ein Etappensieg) sowie bei den Deutschen Meisterschaften die letzten Reize gesetzt und war guten Mutes nach Yorkshire gereist.

„Ich weiß noch, dass das Höhentrainingslager ganz entspannt war. Das war für mich immer sehr wichtig, denn meiner Meinung nach kann man nur hart trainieren, wenn man sich auch gut erholt. Dafür musste ich die richtigen Leute um mich haben, und das war bei unserem Team der Fall. Wir hatten mit Jungs wie John Degenkolb, Tom Veelers, Koen de Kort, Roy Curvers, Tom Dumoulin und Albert Timmer eine tolle Truppe am Start, und wir unternahmen auch an Pausentagen gemeinsam etwas. Wir waren in Granada einen Kaffee trinken und sind ein bisschen gewandert. In Spanien haben wir die Grundlagen für eine gute Tour gelegt. Aber nach so einem Höhentrainingslager brauche ich immer ein bisschen, und bei den anschließenden Rennen war ich nicht gut. Da fehlte mir einfach die Zeit, um mich von diesem Trainingsblock zu erholen. So habe ich bei den Deutschen Meisterschaften nie ein gutes Ergebnis einfahren können, auch in diesem Jahr nicht. Trotzdem war ich überzeugt, dass es in Frankreich klappen würde. Ich wusste: Die anstehenden Rennen bedeuteten noch mal richtig harte Arbeit, aber danach folgte eine kurze Erholungsphase, und die würde reichen, um in Topform bei der Tour an den Start zu gehen."

Die letzten Tage vor dem Grand Départ verliefen reibungslos, und dabei half zweifelsohne, dass er den ganzen Zirkus schon zweimal mitgemacht hatte. Mit dieser Erfahrung im Gepäck fand er die richtige Balance zwischen Anspannung und Konzentration, und die Herangehensweise war völlig anders als bei seinem Debüt. Bei seiner Feuertaufe im belgischen Lüttich war der 24-jährige Kittel noch ein angehender Topsprinter gewesen. Ein Jahr zuvor, 2011, erlebte er bei der Spanienrundfahrt auf der siebten Etappe nach Talavera de la Reina seinen Durchbruch, als er vor Peter Sagan und Óscar Freire gewinnen konnte – der 13. von insgesamt 17 Saisonsiegen des Neo-Profis, der als aufstrebender Stern am Fahrerhimmel eigentlich als Zeitfahrspezialist galt, doch vom damaligen Team Argos-Shimano zum Topsprinter umgeschult wurde.

Kittel legte einen kometenhaften Start hin, und so hielt die Sportliche Leitung der niederländischen Formation 2012 die Zeit für gekommen, ihn bei der Tour de France starten zu lassen. „Um Erfahrung zu sammeln. Wenn ein Sieg dabei herausspringen würde, umso schöner, aber das wurde nicht von mir erwartet." Nun, die Erfahrung fiel eher mau aus. Auf der fünften Etappe nach Saint-Quentin musste Kittel aufgeben, ohne dass er es überhaupt einmal bis ins Sprintfinale geschafft hatte. Er war mit Magen-Darm-Problemen in die Etappe gegangen, dann kamen auch noch Knieprobleme hinzu. „Ich hatte einen dummen Anfängerfehler bei der Ernährung gemacht. Als ich von zu Hause zur Tour aufbrach, hatte ich etwas Brot mitgenommen, dessen Verfallsdatum wohl schon überschritten war. Ich dachte, ich tue das Richtige, indem ich etwas Gesundes esse, aber stattdessen begann die Tour für mich mit Durchfall. Ich fühlte mich hundeelend. Zwar konnte ich mich davon etwas erholen, aber die Verletzung am Knie war dann der berühmte Tropfen zu viel. Ich war über mein körperliches Limit hinausgegangen, es ging nicht mehr. Durch die dumme Aktion mit dem Brot fuhr ich mit einem richtig schlechten Gefühl nach Hause. Was war ich doch für ein Idiot, dass ausgerechnet mir so etwas passierte."

Im Jahr 2013 erhielt Kittel seine zweite Chance. Mit elf Saisonsiegen im Gepäck ging es nach Korsika, wo die 100-jährige Jubiläumsausgabe von La Grande Boucle starten sollte. Ebenfalls im Gepäck: eine völlig andere Einstellung als noch zwölf Monate zuvor. Die Schnupperphase war vorbei, jetzt standen die ernsthaften Prüfungen an. Das Profil der ersten Etappe war wie geschaffen für die schnellsten Männer im Peloton, und inzwischen gehörte er definitiv in diese Kategorie. Es war nur recht und billig, dass Kittel, der hart an sich gearbeitet hatte, um es in die Riege der Spitzenfahrer zu schaffen, zu den ernsthaften Anwärtern gehörte.

„Es bot sich die Chance, das Gelbe Trikot zu erobern. Das löste bei mir ganz andere Erwartungen aus, und ich ging mit einem ganz anderen Gefühl ins Rennen. Meine Vorbereitung war gut gewesen, ich hatte allen Grund, zuversichtlich zu sein. Aber am Anfang war da doch die Unsicherheit: ‚Mist, was ist, wenn es wieder schiefgeht, wie im letzten Jahr?' Aber als ich nach Korsika kam, stellte sich schnell das Gefühl ein, dass alles in Ordnung war. Wir alle hatten aus dem Fehler gelernt, und ich erhielt von allen Seiten die nötige Unterstützung. Wir waren voller Energie und Ehrgeiz, unser Ziel zu erreichen. Außerdem war ich dieses Mal viel besser auf die Tour vorbereitet, hatte ein Jahr mehr Erfahrung, Training und Rennen in den Beinen.

Obwohl es 2012 nicht gut gelaufen war, hatte ich doch ein Gefühl für das Rennen bekommen – was es bedeutete, hier am Start zu stehen und mit dem gigantischen Medieninteresse umzugehen, das mit keinem anderen Rennen zu vergleichen ist … Hier kam so viel mehr auf mich zu als beispielsweise beim Scheldeprijs. Renndirektor Christian Prudhomme soll einmal gesagt haben, dass die Tour größer als jeder einzelne Fahrer sei. ‚Was für ein arroganter Kerl', dachte ich damals. Aber er hatte recht: Nichts ist größer als die Tour."

Seine Erfahrungen aus dem Jahr zuvor mögen ihm zwar zu Beginn noch genutzt haben, aber Kittel war noch nie innerhalb des Tour-Pelotons einen Massensprint gefahren. Riesige Mengen an Energie und Stress entluden sich, so etwas hatte er noch nicht erlebt, und bis zum Zielstrich nahm der Stress sogar noch zu, nicht zuletzt wegen der Geschehnisse im Etappenankunftsort Bastia. Der Teambus des australischen Teams Orica-GreenEdge steckte unter dem Zielbogen fest – *rien ne va plus*. Das Chaos im Ziel griff auf die Sportlichen Leiter in den Begleitfahrzeugen über und schließlich auch auf die Fahrer.

„Wir waren gerade durch ein Nadelöhr gefahren, an dem wir uns weit vorne positionieren wollten. Das war uns gelungen. Wenig später hörte ich über Funk, dass das Ziel nicht das Ziel war. *Was?!?!?*, dachte ich. Mein Gehirn war irgendwie außerstande, diese Information zu verarbeiten, also nahm ich meinen Ohrhörer raus. Wo sollte der Zielstrich denn sonst sein, wenn nicht im Ziel?"

Dann der nächste kritische Moment: Ein Massensturz fünf Kilometer vor dem Ende beendete die Träume vieler Topsprinter, weil sie entweder selbst auf dem Asphalt landeten oder durch den Sturz so aufgehalten wurden, dass alle Siegchancen dahin waren. Es gab nur noch einen vollständigen Sprintzug, und den stellte Kittels Team Argos-Shimano. „Das Feld bestand nur noch aus 30 bis 40 Fahrern. Wir hatten Glück, dass wir durch den Sturz niemanden verloren hatten. Ich hatte noch drei Teamkollegen vor mir, und dennoch mussten wir improvisieren.

Normalerweise zogen wir nicht fünf Kilometer vor dem Ziel den Sprint an, aber jetzt taten wir es in gewisser Weise doch. Die drei Jungs vor mir mussten besonders hart arbeiten und häufiger in den Wind gehen, um das Tempo so hochzuhalten, dass niemand aus dem Feld heraus vorab attackieren würde. Seltsamerweise spürte ich bei jedem von uns die Überzeugung: Es gibt nur eine Mannschaft, die heute gewinnen wird, und das sind wir."

In der Zwischenzeit war es doch noch gelungen, den Orica-GreenEdge-Bus unter dem Zielbogen wegzubekommen. Er wurde hastig von der Strecke bugsiert, gerade noch rechtzeitig, bevor die ersten Fahrer auf das Ziel zuhielten. Im Auge des Sturms wahrte Kittel die Nerven. Er durfte auf keinen Fall zu früh in den Wind gehen. „Die anderen verbliebenen Sprinter waren alle auf sich allein gestellt, und nun ging es darum, wer als Erster nachgab und den Sprint anzog. An dessen Hinterrad musste ich mich klemmen. Das war schon immer meine Stärke gewesen: mit viel Tempo von hinten zu kommen und alle zu überholen. Schließlich zog Alexander Kristoff an. Ich habe ihn gerade noch so erwischt – das Timing war alles andere als perfekt, aber es hat funktioniert. Ich hatte meinen ersten Touretappensieg in der Tasche – und auch noch das Gelbe Trikot! Völlig bizarr. Plötzlich wurde mir das Maillot Jaune übergestreift, es war zu viel, das konnte ich alles gar nicht auf einmal verarbeiten."

Sein erster Etappensieg in Bastia war nur die Ouvertüre zu einem glanzvollen Auftritt. Im Gegensatz zu 2012 schaffte es Kittel dieses Mal bis nach Paris, und auf dem Weg dorthin holte er zwei weitere Etappensiege und krönte seine Leistung in einem allerletzten Kraftakt auf den Champs-Elysées. Damit entthronte er gleichzeitig Mark Cavendish, der vier Jahre lang hintereinander die letzte Etappe bei der Frankreichrundfahrt gewonnen hatte.

Zu Beginn der Tour war der Brite noch als König der Sprint-Zunft gehandelt worden. Drei Wochen später hatte er diesen

Ehrentitel an einen neuen deutschen Star verloren, der nicht nur für seinen beeindruckenden Turbo, sondern auch für seine „schönen Haare" gelobt wurde.

Im Vorfeld der Tour 2014 freuten sich die Radsportfans in aller Welt nicht nur auf den Kampf im Gesamtklassement zwischen Chris Froome, Alberto Contador und Vincenzo Nibali, sondern auch auf das Duell zwischen Kittel und Cavendish, wobei der ersten Etappe eine besondere Bedeutung für Cav zukam: Harrogate ist der Geburtsort von Cavs Mutter. Mehr Motivation brauchte es für die „Manx Missile" auf der Jagd nach dem Gelben Trikot nicht, das Cav trotz seiner 25(!) Etappensiege bei der Tour noch nie getragen hatte. „Aber das hat nicht nur ihn motiviert, sondern auch mich. Wenn ich irgendwo gewinnen wollte, dann im heimischen Vorgarten meines größten Gegners. Die Rivalität zwischen Cavendish und mir war sportlich und von Respekt geprägt, aber sie war natürlich ein Thema. Er war über Jahre der Beste im wichtigsten Rennen des Jahres gewesen, und plötzlich kam da einer, der ihn mehrmals schlagen konnte. Nach der Tour 2013 war ich in die Riege der Topsprinter aufgestiegen, ein Wendepunkt, sowohl für mich als auch für Cav. Ich erlebte meine besten Jahre in der Zeit, in der auch er in Bestform war. Das war schon außergewöhnlich, und durch unsere Rivalität entwickelten wir uns beide zu besseren Sprintern."

Seit Beginn der Saison wurde Kittel in Interviews immer wieder auf das Verhältnis zwischen Cavendish, seinem Sprinterkollegen André Greipel und sich selbst angesprochen. „Wie gut sind Sie im Vergleich zu den beiden anderen? Wie fit sind sie alle? – Ein Jahr zuvor musste ich mich noch nicht mit solchen Gedankenspielen auseinandersetzen, ich galt als Außenseiter. Jetzt wurde ich von den Medien und der Öffentlichkeit mit anderen Augen gesehen. Eine Veränderung, mit der ich umzugehen lernen musste, die ich aber nicht als zusätzlichen Druck empfand – den größten Druck habe ich mir am Ende immer selbst gemacht."

Bei den verpflichtenden Medienterminen rund um den Tour-Start in Yorkshire wurde Kittel mit denselben Fragen konfrontiert wie in den vergangenen Monaten: Kann er erneut die erste Etappe gewinnen und sich Gelb sichern? Seine Antwort fiel immer gleich aus: „Ich habe gesagt, dass ich mich fit fühle, dass meine Vorbereitung gut gewesen sei und es nur die erste Etappe von vielen sei. Danach böten sich noch genügend Chancen. Das stimmte zwar, aber diese erste Etappe war gleichzeitig meine letzte Chance auf Gelb. Ich könnte natürlich behaupten, dass mich das nicht groß beschäftigt hätte, aber natürlich hat es das getan. Wie oft in den letzten zehn bis 20 Jahren sah sich ein Sprinter wohl der Lage, das Gelbe Trikot zweimal hintereinander überstreifen zu können? Nicht sehr oft. Es war einfach eine ganz besondere Gelegenheit.

Gleichzeitig konnte ich mich aber auch nicht hinstellen und sagen: Wird schon alles klappen, wir gewinnen einfach das zweite Jahr in Folge die erste Etappe. So etwas gehört sich nicht. Manche Dinge musste ich ausblenden und für mich behalten. Ich durfte mich nur auf mich und das Team konzentrieren. Und mir nicht zu viele Gedanken über nebensächliche Dinge machen."

Mehr noch als in den Vorjahren genoss Kittel die Kulisse und die Atmosphäre bei dem von Zuschauermassen flankierten Grand Départ. Das Publikumsinteresse war noch größer als ein Jahr zuvor auf Korsika, aber er zog Kraft daraus. Zugleich war sich der Arnstädter bewusst, dass alle Augen auf ihn gerichtet waren: nicht nur von außerhalb, sondern auch innerhalb der Mannschaft von den Mitarbeitern und Teamkollegen. „Vom ersten Moment an, als wir in England zusammenkamen, habe ich gemerkt, dass mich jeder in der Mannschaft heimlich beäugte: Bin ich fit? Was für einen Eindruck mache ich? Ein paar Wochen zuvor bei der ZLM-Tour war es genauso gewesen. Die Teamkollegen schauten mich an und fragten sich: Kann der Kittel hier gewinnen? Alle haben mir gesagt, dass ich nicht zwingend siegen müsse, aber als Sprinter und Leader fühlte ich mich verantwortlich dafür, den Erfolg vorzuleben. Wenn deine Teamkollegen nicht voll und ganz daran glauben, dass du den Job erledigen kannst, kommen Zweifel auf, und unbewusst arbeiten sie etwas weniger hart für dich. Ich war mir im Klaren darüber, dass ich Vertrauen ausstrahlen musste, und das fing bei mir selbst an, bei meinem eigenen Verhalten. Manchmal war ich einfach platt oder hatte schwierige Momente, aber das habe ich nicht immer gezeigt. Ich habe immer versucht, positiv und konzentriert zu bleiben."

Die Strecke für die „Operation Harrogate" stand schon seit Wochen fest. Alle Giant-Shimano-Fahrer hatten die finale Streckenführung im Kopf. Bei den letzten Vorbereitungen ging man noch mal einige Details durch und stimmte sich gemeinsam auf die Etappe ein. „Wir haben auch darüber diskutiert, wie die Teams von Cavendish und Greipel vorgehen könnten, aber es war viel wichtiger, dass wir uns auf uns und unsere eigene Strategie konzentrierten. Die Absprachen waren klar, jeder wusste, was er wann zu tun hatte. Jetzt ging es nur noch darum, den richtigen Modus zwischen Zweifel und Arroganz zu finden, den *Sweet Spot.* Keine leichte Aufgabe, aber die erfolgreiche Vorbereitung und die Siege im Frühjahr haben dabei geholfen. Ich hatte sehr viel Vertrauen in die Mannschaft. Es hat einfach gepasst zwischen uns, und auch als Sportler gaben wir gegenseitig auf uns acht. Wenn jemand überzockt hat oder zu negativ war, haben wir ihn zur Ordnung gerufen. Und weil wir ein Jahr zuvor gleich am ersten Tag zugeschlagen hatten, bestand natürlich die Gefahr, es auf die leichte Schulter zu nehmen, nach dem Motto: ‚Das kriegen wir auch noch ein zweites Mal hin.' Wir haben versucht, diesen Gedanken zu verdrängen, und wussten, dass es kein Selbstläufer werden würde und wir uns sehr konzentrieren mussten. Nur wenn wir unser Bestes gaben und perfekt zusammenarbeiteten, konnten wir es schaffen. Aber dass es möglich war, darin waren sich alle einig. Und am Ende sagten wir uns: ‚Wir sollten nicht mehr darüber nachdenken, was alles schiefgehen könnte. Wir haben alles getan, was getan werden konnte, jetzt machen wir uns einfach einen schönen Tag.'"

Kittel hatte einige Ehrfurcht vor der kniffligen Strecke und den Anstiegen, doch zu seinem Glück wurde nicht allzu hart gefahren. So musste er keine unnötige Energie verschwenden, um im Peloton mitzurollen, und ging noch recht frisch ins Finale. Je näher sie Harrogate kamen, desto schneller flogen die Kilometer dahin – zumindest in seinem Kopf.

„Ehe ich mich versah, hatten wir nur noch fünf Kilometer vor uns. Wir wollten genau zum richtigen Zeitpunkt an der Spitze sein. Nicht zu früh, aber sicher auch nicht zu spät. Das hatte alles mit diesem kleinen Anstieg auf dem letzten Kilometer zu tun: Wären wir dort zu weit hinten positioniert, müssten meine Teamkollegen härter fahren, und ich käme zu tief in den roten Bereich. Das würde mir das Genick brechen, und das wollten wir natürlich vermeiden. Wenn wir den Anstieg von vorn angehen könnten, müssten wir etwas weniger hart fahren, und das war besser für mich."

Alles lief nach Plan. Timmer und Curvers sorgten dafür, dass ihre Mitstreiter Degenkolb, De Kort und Kittel an vielversprechender Position über den letzten fiesen Buckel kamen. Gerade als Curvers seine Arbeit getan hatte und aus dem Wind ging, wurde er von „Spartakus" überholt: Kurz vor der Flamme Rouge setzte Fabian Cancellara, einer der besten und stärksten Fahrer im Feld, eine ernst zu nehmende Attacke.

„Ich dachte: ‚Oha, das ist Cancellara. Jetzt müssen wir aufpassen.' Ich wusste sofort, dass er es war. Wir fuhren bereits ziemlich am Anschlag, aber er legte noch eine Schippe drauf. Es gibt nur sehr wenige Fahrer, die so kurz vor dem Ziel noch eine solche Attacke in den Beinen haben. Cancellara fuhr in kurzer Zeit einen großen Vorsprung heraus. Es waren viele Fans am Straßenrand, und sie machten ordentlich Lärm. Das Tolle an unserem Team war aber, dass wir ruhig geblieben sind. Das war immer unsere Stärke. Nach dem Anstieg ging es wieder bergab, und wir haben uns mit Höchstgeschwindigkeit in die kleine

‚Abfahrt' gestürzt. Bei etwa 500 Metern zog John Degenkolb an, schloss die Lücke zu Cancellara und verschaffte mir eine gute Ausgangsposition für den Sprint."

Dann stieg die Straße wieder um ein paar Prozent an, und Kittel war bereit, den alles entscheidenden Angriff zu setzen. Plötzlich hörte er schräg hinter sich ein Krachen: Cavendish war gestürzt. Der Brite hatte in fast aussichtsloser Position gelegen und verzweifelt versucht, sich am Australier Simon Gerrans vorbeizuschlängeln. Ihre Räder verhakten sich, beide landeten auf dem Asphalt. „Ich habe nicht viel mitbekommen, hatte keine Ahnung, wen es erwischt hatte und was genau passiert war. Im Nachhinein betrachtet, war es eine dumme Aktion von Cav. Nur ein Fahrer, der weiß, dass er es ohne nicht mehr schaffen wird, geht so ein hohes Risiko ein."

Nach einer leichten Rechtskurve kam die Ziellinie in Sicht. Das war das Signal für Peter Sagan, noch härter in die Pedale zu treten und den Turbo zu zünden. Kittel befand sich in der bestmöglichen Position: dicht am Hinterrad des Slowaken.

„Ein Jahr zuvor hatte ich bei Paris-Nizza einen Sprint mit einem ähnlichen Finish gewonnen, bei dem wir mit hohem Tempo in die letzten 100 Meter gingen, die ebenfalls leicht ansteigend waren. Alessandro Petacchi und ein paar andere große Namen hatten sich damals komplett verzockt, weil sie ihren Sprint zu früh angezogen hatten. Alles Leute mit großer Erfahrung, aber sie hatten es nicht geschafft, den richtigen Zeitpunkt zu wählen. Das war ein Grund mehr, warum es in Harrogate meiner Meinung nach ein besonderes Finish geben würde. Es ging nicht nur darum, wer noch am meisten Kraft in den Beinen hatte, sondern vor allem um das richtige Timing. Ich habe meine Sprints immer nach Gefühl lanciert, niemals nach den Schildern am Straßenrand, die die Entfernung zum Zielstrich anzeigen. In diesem Fall auch. Sagan zog durch, ich klebte an seinem Hinterrad und war damit drei Sekunden lang aus dem Wind, nutzte den Windschatten und ging schließlich raus. In diesem Moment dachte ich nur: jetzt oder nie. Auf den letzten 150 Metern fühlte ich mich noch frisch und stark. Nach meiner Attacke habe ich sofort gemerkt, dass ich viel mehr Endgeschwindigkeit als Sagan hatte, und mit deutlichem Abstand gewonnen."

Kittel riss die Arme hoch. Zum 54. Mal in seiner Karriere – und zum fünften Mal bei der Tour – war er als Erster über den Zielstrich gefahren. Und doch gab es einen Unterschied zu den 53 vorherigen Malen: Es fühlte sich anders an. Für gewöhnlich folgen auf einen Sieg Euphorie und Freude. Das war auch jetzt der Fall, aber gleichzeitig war ein anderes Gefühl dabei, das schnell überhandnahm.

„Ich spürte eine enorme Erleichterung. Das hatte ich noch nie so stark erlebt. Das war eine ganz andere Ebene. Erst im Ziel merkte ich, wie groß der Druck gewesen war. Ich hatte mich sechs Monate lang, vielleicht sogar noch länger, vorbereitet und die ganze Zeit auf dieses eine Ziel hingearbeitet. Diese erste Etappe war meine tägliche Motivation gewesen. Als Sportler will man nur eines, nämlich sein Ziel erreichen. Als es geschafft war, konnte ich mich zum ersten Mal entspannen und alles realisieren. Ich dachte: ‚Verdammt noch mal, das war eigentlich ganz schön hart.' Nicht nur körperlich, sondern auch mental hatte es mich viel Energie gekostet, mich immer auf dieses Ziel zu fokussieren und diesen Fokus niemals zu verlieren.

Zur Erleichterung trug auch die Tatsache bei, dass ich es zum zweiten Mal in Folge geschafft hatte, gleich die erste Etappe zu gewinnen. Was die Aufmerksamkeit betrifft, so war sie im Vorfeld dieser Tour noch größer gewesen als ein Jahr zuvor auf Korsika. Es kam einer Bestätigung gleich: Ich kann das. Auch unter diesen Bedingungen und mit so hohen Erwartungen."

Was seinem Sieg neben all den Emotionen eine zusätzliche Dimension verlieh, war die ausgelassene Freude seiner Teamkollegen – Bilder, die er nie im Leben vergessen wird.

„Ich sah Roy Curvers jubeln, als hätte er selbst den Sprint gewonnen. In gewisser Weise war es ja auch so, denn wir hatten es gemeinsam geschafft. Ich war nicht nur auf mich stolz, sondern auf alle. Es war wirklich eine Teamleistung. Alle Fahrer wussten: Wenn ich in meiner Position meinen Job nicht richtig mache, haben wir keine Chance, und die Etappe ist verloren. Indem wir hart gearbeitet haben, konzentriert geblieben sind und vor allem einen kühlen Kopf bewahrt haben, haben wir es dann geschafft."

Das Märchen – so wirkte es beinahe für ihn – hielt noch ein weiteres i-Tüpfelchen für ihn bereit. Auf dem Podium wurde dem Sprinterkönig Kittel das Trikot des Gesamtführenden von niemand Geringerem als Prinz Harry sowie Prinz William und seiner Frau, Prinzessin Kate, überreicht.

„Wir haben in Deutschland ja keine Royals. Also dachte ich: Das sind doch auch nur Menschen. Aber als ich dann neben ihnen stand, fühlte es sich doch anders an: Irgendwie war es etwas ganz Besonderes. In diesem Moment war es allerdings unmöglich, ihn ganz bewusst zu genießen. Dafür ging alles zu schnell. Ich fühlte mich wie in einer Achterbahn mit gleich zwei Loopings."

Das „Double" – Etappensieg und Gelbes Trikot – bei der ersten Etappe war wiederum der Startschuss für eine Traumtour. Zwei Tage nach Harrogate siegte Kittel im „königlichen" Massensprint ganz in der Nähe vom Buckingham Palace, und nach vier Etappen standen bereits drei Siege zu Buche. Seine vierte und letzte Etappe holte er wiederum auf den Champs-Elysées. Er und kein anderer war der beste Sprinter der Welt.

Bis zu diesem Sommer war es mit Kittels Karriere stets bergauf gegangen. Er hatte sich sehr schnell entwickelt und es noch jedes Jahr geschafft, seine Leistung aus der vorangegangenen Saison zu überbieten. Nach 2014 aber hatte er Sand im Getriebe, er konnte nicht mehr mithalten. Nachdem er im Frühjahr 2015 von Krankheiten geplagt wurde, beschloss die Sportliche Leitung von Giant-Alpecin, ihn nicht für die Tour zu nominieren. Im Jahr 2016 kehrte Kittel dann im Trikot von Etixx-Quick Step auf die größte Bühne zurück, die der

Radsport zu bieten hat. Wiederum ein Jahr später fand er zu seiner Topform zurück und verbesserte seine persönliche Bestmarke, indem er fünf Tour-Etappen gewann – auf den ersten elf Etappen. Diese Siege markierten die letzten wirklich großen Höhepunkte seiner Karriere.

Im August 2019 gab Marcel Kittel seinen Rücktritt bekannt. Im Mai desselben Jahres hatte er den Vertrag mit seinem damaligen Team Katusha-Alpecin – die Liaison erwies sich als unglücklich – gekündigt und sich Gedanken über seine Zukunft gemacht. Kittel war zu dem Schluss gekommen, dass er nicht mehr die nötige Motivation mitbrachte, um Spitzensport zu betreiben, und auch die bevorstehende Vaterschaft hatte seine Sichtweise auf das Leben verschoben. Das war gut so. Er hatte eine wunderbare Karriere hinter sich, nun war es an der Zeit für das nächste Kapitel. Trotz der manchmal schwierigen letzten Jahre hatte seine Leidenschaft für den Sport, dem er so viele schöne Erlebnisse zu verdanken hatte, nicht nachgelassen. Einen Monat nachdem er seinen Rücktritt bekannt gegeben hatte, kommentierte er als Experte für das Fernsehen die Radweltmeisterschaften in Yorkshire. Wie beim Tour-Start 2014 bildete Harrogate das Epizentrum der Straßenrennen, und so kehrte er nach fünf Jahren an einen Ort zurück, den er schätzen gelernt hatte.

„Während der Taxifahrt vom Flughafen in die Stadt fragte mich der Fahrer, woher ich käme und was ich denn in Harrogate vorhätte. Ich sagte ihm, ich sei aus Deutschland und wolle was von der Welt sehen. Dann fing der Mann an, mir von der Tour vor ein paar Jahren zu erzählen. Die Stadt sei ein Irrenhaus gewesen, weil so viele Menschen gekommen seien, um das Rennen zu sehen, und wie viel Spaß das gemacht habe. Wie der Zufall es gewollt habe, so der Taxifahrer, habe ausgerechnet ein Deutscher die erste Etappe gewonnen. ‚Das war ich!‘, sagte ich lachend. Der Fahrer sah mich an und wusste plötzlich, wen er da in seinem Taxi kutschierte. Das war wirklich ein lustiger Moment."

Das Hotel, in dem die Fernsehleute untergebracht waren, lag direkt an der Strecke, genau am höchsten Punkt des letzten kleinen Anstiegs, der fünf Jahre zuvor entscheidend für den Ausgang des Finales gewesen war. Das Pressezentrum befand sich jenseits der Ziellinie, die genau an der gleichen Stelle neben dem Stadtpark gezogen worden war. Jeden Tag ging Kittel jetzt den letzten Kilometer vom Hotel aus zu Fuß, den er 2014 auf dem Rad hinter sich gebracht hatte: von der Ripon Road hinunter zur Parliament Street, wo sich die Straße mit der King's Road kreuzt, bevor sie wieder ansteigt bis zum Zielstrich im West Park. „Die Streckenverantwortlichen hatten für die WM ein paar zusätzliche Kurven integriert, sodass die Fahrer nicht wie bei der Tour in vollem Karacho auf das Ziel zufuhren. Außerdem waren damals alle Verkehrsinseln und Ampeln an der Kreuzung am Ende des letzten Anstiegs entfernt worden – jetzt hingegen nicht. Dadurch sah es zwar etwas anders aus, aber trotzdem erinnerte mich mein Fußweg jeden Tag an meinen Sieg. Als ich so dastand und mich umsah, dachte ich: ‚Eigentlich ziemlich cool, dass ich hier gewonnen habe. Kann sich sehen lassen!' Wenn Sie mich zehnmal fragen, welchen meiner 14 Etappensiege bei der Tour de France ich am höchsten einschätze, werden Sie wahrscheinlich fünf verschiedene Antworten erhalten. Aber die erste Etappe im Jahr 2014 werde ich sicherlich mehr als nur einmal nennen. Trotz des riesigen Drucks als eine Art von Titelverteidiger haben wir es geschafft, gleich am ersten Tag wieder ins Gelbe Trikot zu fahren. Die Emotionen und die Erleichterung, die das auslöste, nicht nur bei mir, sondern auch bei meinen Teamkollegen, machten diesen Etappensieg zu etwas ganz Besonderem. Wegen dieser Geschichte, dieser persönlichen Geschichte, ist Harrogate für mich zu einem besonderen Ort geworden."

hugo houle

SIEGEN FÜR PIERRIK

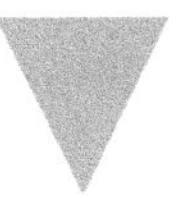

Die Rang Saint-Joseph ist eine fast 20 Kilometer lange schnurgerade Straße, die im Volksmund als Beginn der Route 259 von Notre-Dame-du-Bon-Conseil bekannt ist. Auf halber Strecke der Rang Saint-Joseph treffen die Rue Saint-Charles und die Rang Sainte-Anne aufeinander. Diese Kreuzung bildet das Zentrum von Sainte-Perpétue, einem Dorf mit weniger als 1.000 Einwohnern in dem flachen Niemandsland, das sich zwischen den kanadischen Städten Montreal und Quebec erstreckt. Neben Kirche, Grundschule, Supermarkt, Bank, Postamt, Friedhof, Autowerkstatt, Pflegeheim, Möbelgeschäft und ein paar Baumärkten gibt es nicht viel. Ampeln sucht man vergeblich, und die Häuser sind typisch nordamerikanisch: nicht übermäßig groß, aber frei stehend und meist mit einer Veranda und einem schmalen Rasenstück versehen. Das französischsprachige Dorf ist von etwas Wald umgeben. Hinter den hoch aufragenden Bäumen erstrecken sich dann weite Felder und Ackerflächen.

Wir befinden uns im Geburtsort von Hugo Houle. Zusammen mit seinen Eltern und seinem drei Jahre jüngeren Bruder Pierrik lebt er im Wald, in einem Haus mit Flachdach. Sein Vater Yvon Houle arbeitet auf dem Bau und hat sein Haus mit eigenen Händen erbaut, seine Mutter Diane Allard ist Innenarchitektin. Finanziell ist die Familie Houle nicht gerade üppig aufgestellt, aber den Kindern fehlt es an nichts. Das Radfahren hat es

Hugo schon in jungen Jahren angetan. Zusammen mit seinen Freunden verbringt er ganze Nachmittage damit, im Dorf mit seinem BMX-Rad herumzucruisen. Als er älter ist, legt er die knapp 15 Kilometer zur Sekundarschule im nahe gelegenen Saint-Léonard-d'Aston meist auf seinem Zweirad zurück, was bei vielen für Verwunderung sorgt: Es gibt doch einen Schulbus, oder etwa nicht? Aber Hugo fährt lieber mit dem Fahrrad.

In den Sommerferien ist in Sainte-Perpétue tote Hose. Die Schule ist geschlossen, und die Eltern müssen meist unter der Woche arbeiten. Zum Glück bietet das Fahrrad wieder eine Lösung. Nachdem sie morgens das Frühstück in sich reingeschaufelt haben, lassen sich Hugo und Pierrik auf das Sofa fallen und schalten den Fernseher ein. Ab neun Uhr vormittags wird die Tour de France übertragen. Während der Babysitter ein Auge auf sie hat, verbringen die Brüder den Rest des Vormittags damit, die Leistungen der weltbesten Radsportler beim größten Rennen des Jahres zu verfolgen, das fernab jenseits des Atlantiks ausgetragen wird.

„Bis zum Mittagessen hockten wir vor der Glotze", erinnert sich Hugo Houle an jene Vormittage im Juli. Im Alter von zwölf bis 16 Jahren diente ihnen die Tour als regelmäßiger Zeitvertreib. „Wir liebten vor allem die Etappen, bei denen es eine Ausreißergruppe mit Siegchancen gab. Bei den Sprintetappen waren die letzten fünf Kilometer interessant, aber die zwei oder drei Stunden davor konnten ziemlich zäh sein, weil kaum etwas passierte. Wenn es eine Ausreißergruppe geschafft hatte, kam Bewegung in die Sache, und *suspense*. Außerdem waren es oft dieselben Fahrer, die angegriffen haben, wie Sylvain Chavanel und Luis León Sánchez. Die mochten wir."

Hugo und Pierrik sind ein ganz typisches Brüderpaar: Sie verstehen sich gut, aber es gibt Zeiten, in denen sie sich gegenseitig das Leben zur Hölle machen. Vor allem aber sind sie fanatische Sportler, mit einer Leidenschaft für Triathlon. „Das Lustige war: Als wir mit Triathlon anfingen, lief Pierrik schon fast so schnell wie ich, trotz unseres Altersunterschieds. Ein paar Jahre später hatte er den Rückstand komplett aufgeholt und viel öfter gewonnen, bis ich irgendwann wieder aufschloss. Untereinander waren wir sehr kompetitiv."

Mit 14 Jahren kommt Hugo zu dem Schluss, dass sein Herz dem Radsport gehört. Ein Jahr später tritt er dem Club Cycliste Vélocité Drummond bei, der sich im 30 Kilometer entfernten Drummondville befindet. Houle beeindruckt bei den lokalen Rennen und macht Louis Garneau auf sich aufmerksam, Chef eines Sportbekleidungsherstellers, der nicht nur den Tour-de-France-Teilnehmer Bouygues Telecom sponsert, sondern auch ein kanadisches Juniorenteam, das seinen Namen trägt. Als Teammitglied der Garneau-Crocs setzt sich der Aufstieg des damals 17-jährigen Houle im Radsport fort, er nimmt an größeren Rennen in Nordamerika teil und wird 2008 Kanadischer Juniorenmeister im Straßenrennen. Dieser Erfolg ermöglicht ihm die erstmalige Teilnahme an den Weltmeisterschaften, die im selben Jahr in Südafrika stattfinden.

Gleichzeitig entscheidet sich Hugo für eine Laufbahn bei der Polizei in Drummondville, doch nach Ende der Ausbildung beschließt er, sich ganz dem Radsport zu widmen. Und das mit Erfolg. Kurze Zeit später wird Spidertech Powered by C10 gegründet. Das erste kanadische Team auf der zweithöchsten Ebene des Radsports wird von Steve Bauer angeführt, dem einzigen Kanadier, dem es bisher gelungen war, eine Tour-Etappe zu gewinnen – im Jahr 1988. Als ProContinental-Team erhält Spidertech Einladungen zu hochkarätigen europäischen Rennen, und so ist Hugo im Frühjahr 2011 beim E3 Prijs Vlaanderen und dem Brabantse Pijl (Pfeil von Brabanat) Teil eines Pelotons, das mit Fahrern wie Fabian Cancellara, Philippe Gilbert und Luis León Sánchez bestückt ist. Große Namen, die er bis dahin nur aus dem Fernsehen kennt. Es sind wunderbare Erfahrungen, aber als Jungprofi sticht er noch nicht hervor. Ein Jahr später, bei den Weltmeisterschaften im niederländischen Valkenburg, wird Hugo dann Vierter im U23-Straßenrennen. Pierrik verfolgt das Geschehen aufmerksam zu Hause in Sainte-Perpétue. Im Gegensatz zu seinem Bruder hat er sich nach ein paar Jahren Triathlon auf Fußball und Laufen verlegt.

„Pierrik trainierte zu der Zeit für den Ironman, aber nicht professionell, sondern nur zum Spaß. Er war sehr geschickt im Umgang mit Computern. 2012 war das Internet noch nicht so weit wie heute, doch meinem Bruder gelang es immer, etwas für mich zu finden. Nach dem vierten Platz bei den Weltmeisterschaften wollte ich mir den Sprint noch mal ansehen, aber ich konnte nirgendwo einen Mitschnitt finden. Pierrik hat es in Windeseile geschafft. Er war mein größter Fan. Wenn ich unterwegs war, habe ich ihn und auch meine Mutter jeden Tag angerufen. Wir waren uns sehr nahe. Er verstand den Radsport, und deshalb konnten wir sehr gut darüber reden."

Kurz nach der WM in Valkenburg wird klar, dass am Ende des Jahres ein Co-Sponsor fehlen wird, die Mannschaft steht vor dem Aus. Hugo, der letzte der 19 Fahrer, findet im November 2012 ein neues Team. Er unterschreibt einen Vertrag bei der französischen Equipe AG2R-La Mondiale, einem UCI World-Team. Damit ist sein Wechsel auf die Bühne des europäischen Profi-Radsports vollzogen, immer noch das Walhalla für jeden Fahrer. Hugo, der auf einem anderen Kontinent aufgewachsen ist, erhält die Chance, an den wichtigsten und größten Rennen im UCI-Jahreskalender teilzunehmen.

Kurz vor Weihnachten landet Hugo auf dem Flughafen von Quebec. Er hat gerade das erste Trainingslager mit AG2R beendet und ist direkt aus Barcelona nach Hause geflogen. Über Ostkanada tobt ein Schneesturm. Sein Vater holt ihn für die zweistündige Autofahrt nach Sainte-Perpétue ab. Als sie gegen sechs Uhr zu Hause ankommen, ist es bereits dunkel, und die Straßen sind mit Neuschnee bedeckt. Hugo findet seinen Bruder in seinem Schlafzimmer. „Pierrik hat *Call of Duty* auf der Xbox gespielt. Ich habe ihm von meinen Erlebnissen erzählt. Er hat sich sehr für mich gefreut, dass ich meinen ersten Profivertrag in Europa unterschrieben habe."

Hugo hat Jetlag, er ist müde und geht gleich nach dem Abendessen um neun ins Bett. Sein Bruder ist kurz vorher noch losgezogen, um eine Runde laufen zu gehen. Er hat sich reflektierende Armbänder übergestreift, damit er im Dunkeln gut zu sehen ist.

„Kurz nachdem ich eingeschlafen war, wurde ich von der Stimme meiner Mutter geweckt. Ich hörte sie sagen, dass Pierrik noch nicht zu Hause war. Um zehn Uhr war er immer noch nicht da, und ich dachte: ‚Scheiße, da ist was passiert.' Ich setzte mich an den Computer und kontaktierte seine Freunde, um zu fragen, ob er bei einem von ihnen war. Keiner hatte Pierrik gesehen, und alle machten sich daran, ihn zu suchen."

Hugo erinnert sich nicht mehr an die genaue Uhrzeit, aber es muss wohl ungefähr elf Uhr gewesen sein, als ein Bekannter von Pierrik an der Tür klingelt. Der junge Mann kommt gerade von der Kirche im Zentrum von Sainte-Perpétue, da sieht er jemanden am Straßenrand liegen. Als er aussteigt und nachsieht, erkennt er zu seinem Entsetzen, dass es Pierrik ist. Schnell fährt er zum Haus der Familie Houle, das nur etwa 600 Meter entfernt ist. „Als ich die Tür öffnete, sagte der Freund im Schock: ‚Deinem Bruder geht's gar nicht gut!' ‚Was meinst du?', fragte ich. ‚Ist er tot?' ‚Ich glaube schon', lautete seine Antwort.

Ich konnte kaum glauben, dass er angefahren worden war. Die Gegend, in der wir wohnten, ist so ruhig, und es gibt so wenige Autos. Mein Vater hatte kein Handy dabei, also machte ich mich auf die Suche nach ihm und fing ihn ab, als er gerade auf dem Weg zurück zu unserem Haus war. Ich musste ihm sagen, dass Pierrik verunglückt war. Mein Vater fiel mir in die Arme. Dann rief ich meine Mutter an: ‚Du musst nach Hause kommen. Pierrik ist gefunden worden, es sieht nicht gut aus.'

Wenige Augenblicke später waren meine Eltern und ich am Unfallort. Die Rettungskräfte versuchten noch, meinen Bruder wiederzubeleben. Es schneite immer noch ein bisschen. Ich setzte mich auf den Boden und betrachtete Pierriks Gesicht. Er sah ganz normal aus, gab aber kein Lebenszeichen von sich.

Irgendwann blutete er aus Mund und Ohren, und die Sanitäter stellten die Wiederbelebungsmaßnahmen ein. Da ich es mit meinen eigenen Augen sah, wurde mir unmittelbar klar, dass er wirklich tot war."

Im Anschluss an die erfolglose Reanimation harrt Hugo am Unfallort aus, ebenso wie sein Vater. Er geht ein Stück über die Straße, als sein Blick plötzlich auf einen Pick-up fällt, der langsam vorbeifährt und ein Stück weiter unten parkt. Der Fahrer steigt aus und beobachtet den Vorfall weiterhin von seinem Fahrzeug aus. Das macht Hugo misstrauisch, und er beschließt, den Mann zur Rede zu stellen.

„Ich fragte ihn, was er hier suche. Der Mann meinte, er halte immer an, wenn er Blaulicht sehe, und fragte mich im Gegenzug, was passiert sei. Ich sagte ihm, dass jemand angefahren worden sei. Dann fragte er: ‚Wie geht es ihm?' Aufgrund seiner Wortwahl und der Fahne, die ich in diesem Moment wahrnahm, wurde mir klar: Verdammt, das muss der Typ sein, der Pierrik angefahren hat!"

Als ehemaliger Polizist hatte Hugo die Puzzlestücke in kürzester Zeit zusammengesetzt. „Ich sah mir die Front seines Pick-ups an, aber es gab nichts, was auf einen Zusammenstoß hindeutete. Mein Vater gesellte sich zu uns. ‚Das ist der Mann, der es getan hat!", rief ich. Die Polizei traf ebenfalls ein und nahm ihn sofort fest. Ein Anwohner, der nach draußen auf die Straße getreten war, erkannte den Mann aus dem Pick-up wieder. Kurz zuvor hätte er an seiner Tür geklingelt und behauptet, er wäre auf einen großen Eisblock aufgefahren. Dieser Anwohner sagte zudem aus, dass der Mann zu diesem Zeitpunkt mit einem anderen Auto unterwegs gewesen war. Ein Bekannter von uns, der ebenfalls zum Unfallort gekommen war, wusste, wer er war und wo er wohnte. Er fuhr sofort zu dessen Haus und sah durch ein Fenster in der Garage einen Kleinbus, dessen Frontpartie beschädigt war. Bei den anschließenden Ermittlungen wurde ein Stück Stoff an der Windschutzscheibe gefunden, das von der Laufjacke meines Bruders stammte. Pierrik war von hinten angefahren worden, als er am Straßenrand entlanglief, und hatte sich das Genick gebrochen, als er mit dem Rücken gegen die Windschutzscheibe geprallt war."

Es kommt zu diversen Pannen bei der Verhaftung und den Ermittlungen, sodass nicht alle Beweise vor Gericht zugelassen werden und der Unfallflüchtige am Ende nur zu einer Haftstrafe von elf Monaten verurteilt wird. „Er wurde wegen des Unfalls mit anschließender Fahrerflucht verurteilt, aber nicht wegen Alkohol am Steuer und der Tatsache, dass er jemanden ums Leben gebracht hat. Die Polizei hätte ihn in und nicht neben seinem Auto festnehmen müssen. Sie hatten nicht gesehen, wie er den fraglichen Bus gefahren hatte, und auch die Rückverfolgung seines Standorts über seine Handydaten konnte nicht als Beweismittel verwendet werden. Ich weiß natürlich, dass das Blödsinn ist. Es ist völlig klar, dass er betrunken war und meinen Bruder angefahren hat. Darüber herrscht kein Zweifel. Seine schlimmste Strafe ist das Wissen, dass er jemanden getötet hat. Er wird für immer mit diesem Gedanken leben müssen."

Kurz nach dem Jahreswechsel findet die Beerdigung von Pierrik Houle statt. Er wird eingeäschert, seine Asche wird zu einem späteren Zeitpunkt in dem Wald, in dem die Familie lebt, verstreut. Anfang Januar wird außerdem eine Laufveranstaltung organisiert, und trotz eines weiteren Schneesturms erfreut sich der Wettkampf eines großen Zuspruchs. Die weißen Straßen von Sainte-Perpétue werden von Anwohnern abgesperrt, damit über 1.000 Teilnehmer zu Pierriks Ehren dessen Stammrunde laufen können.

Weniger als einen Monat später bestreitet Hugo sein erstes Rennen in der neuen Saison, weit weg von zu Hause in der Wüste von Katar. Er trauert immer noch um seinen geliebten Bruder, was sein Debütjahr bei AG2R nicht gerade leichter macht. In den ersten Monaten steht eine ganze Reihe von DNFs – *did not finish* – in den Ergebnislisten hinter seinem Namen. Das ist nicht verwunderlich für einen erst 22-jährigen Fahrer, der zum ersten Mal in seiner Karriere an großen Klassikern wie Mailand-San Remo, der Flandern-Rundfahrt und Paris-Roubaix teilnimmt.

„Das war eine harte Zeit, alles war mies. Aber man kann nicht nur zu Hause auf der Couch rumsitzen. Man muss weitermachen und das fortsetzen, was man begonnen hat. Es war echt nicht leicht. Es war nicht so, dass ich viel geweint hätte – ich hatte einfach keine Lust, irgendetwas zu tun. Beim Intervalltraining konnte es passieren, dass ich mittendrin anhielt und mich fragte: ‚Warum um alles in der Welt mache ich das überhaupt?' Ich habe immer gerne gekocht, aber jetzt ging ich abends auswärts essen, weil ich mich nicht dazu aufraffen konnte. Normalerweise bin ich im Straßenverkehr immer sehr aufmerksam, aber nun starrte ich manchmal nur so vor mich hin. Ich weiß noch, wie ich einen Freund in Kanada besucht habe und mit meinen Koffern zum Auto ging. Nachdem ich das Auto vom Schnee befreit und losgefahren war, fiel mir unterwegs plötzlich ein, dass ich meine Koffer in der Einfahrt vergessen hatte. Also noch mal zurück. Aus heutiger Sicht hatte ich wohl eine Depression, und es war ein langer Prozess, der sich mindestens über ein Jahr hinzog. Danach wurde es besser."

In den folgenden Jahren entwickelt sich Hugo, der gut bergauf fahren kann, zu einem treuen Helfer für seine Kapitäne. Mit dem Giro d'Italia bestreitet er 2015 und 2016 seine ersten dreiwöchigen Rundfahrten, ein Jahr später folgt die Feuertaufe bei der Vuelta a España.

Nach fünf Jahren in Diensten eines französischen Teams wechselt der Kanadier 2018 zu Astana, und die Kasachen entscheiden sich dazu, ihn 2019 mit zur Tour de France zu nehmen. Sechzehn Jahre nachdem er das größte Rennen der Welt zum ersten Mal zu Hause auf der Couch zusammen mit seinem Bruder Pierrik im Fernsehen verfolgt hat, wird Hugo im Alter von 28 Jahren selbst Teil des Spektakels. An einen Etappensieg ist nicht zu denken, auch wenn er sich am Schlusstag beim Massensprint auf den Champs-Elysées unter die Topsprinter mischt. Hugo kommt als 91. der Gesamtwertung in Paris an.

„Mein Debüt war für mich eine große Sache. Als Radrennfahrer aus Kanada an der Tour teilzunehmen ... Danach sagte ich mir: Irgendwann will ich eine Etappe für Pierrik gewinnen. Ein Tageserfolg in Frankreich war ohnehin ein Ziel, das ich in meiner Karriere unbedingt erreichen wollte."

Am 19. Juli 2022 befindet sich Hugo in einer großen Ausreißergruppe, in der auch sein Teamkollege Michael Woods vertreten ist. Er fährt für Israel-Premier Tech, seit dem Winter sein neues Team. Die 16. Etappe führt das Peloton von der Festung Carcassonne durch die Pyrenäen nach Foix. Auf dem Weg dorthin müssen zwei schwere Berge bezwungen werden: der Port de Lers und die steile Mûr de Péguère. Am Fuße des letzten Anstiegs, knapp 40 Kilometer vor dem Ziel, attackiert Houle und zieht der inzwischen dezimierten Ausreißergruppe davon. Sein Kapitän Woods bleibt zurück und kann mit seinen Kräften in der Verfolgung haushalten. Hugos Vorsprung wird immer größer, und die anderen Ausreißer tun sich schwer damit, die Lücke zu schließen. „Es war eine perfekte Situation. Michael musste hinter mir nichts weiter tun, und wenn er am Anstieg aufschließen würde, konnte ich noch eine Weile für ihn arbeiten, sodass er nur noch das letzte Stück allein fahren musste. Ich ging die Mûr de Péguère Schritt für Schritt an, erstes Teilziel: den steilen Bereich des Anstiegs erreichen. Als ich dort ankam, betrug mein Vorsprung etwa 40 Sekunden. Der nächste Schritt bestand darin, den Gipfel zu erreichen. Als ich oben hörte, dass ich immer noch 26 Sekunden Vorsprung hatte, wusste ich: Das ist meine Chance. Von da an ging es nur noch bergab bis ins Ziel. ‚Wenn ich gewinnen will, dann jetzt oder nie', sagte ich mir und ging aufs Ganze. Ich war voll konzentriert, hatte die Straße im Blick und sonst nichts. Selbst auf den letzten Kilometern habe ich das Tempo hochgehalten, auch dann noch, als ein Tour-Motorrad neben mich fuhr: Der Kreidetafel konnte ich entnehmen, dass der Abstand auf eine Minute angewachsen war. Aber ich wollte genug Vorsprung haben, nicht dass ich noch eine Reifenpanne hätte."

Vor der Etappe hatte Hugo nicht an seinen Bruder gedacht. Auch nicht auf der Strecke – mit Ausnahme der letzten zwei Kilometer. Da kommen die Gedanken an Pierrik auf, er weiß, dass er sein Versprechen einlösen wird, und die Emotionen nehmen überhand. 500 Meter vor dem Ziel zieht Hugo eine Kette mit einem Kreuz unter seinem Trikot hervor und zeigt sie dem TV-Motorrad, das neben ihm fährt. „Das war der Moment, in dem mir klar wurde, dass mein Traum in Erfüllung gehen würde. Das Kreuz hatte ich von Louis Garneau erhalten, dem Mann, der mich als Junior in sein Team geholt hatte und mir auch später als U23-Fahrer mit Bekleidung und Rädern aushalf, damit ich es bis zu den Profis schaffen konnte. Nach Pierriks Tod besuchte er uns zu Hause, kondolierte und schenkte mir das Kreuz. Seitdem habe ich es immer getragen, aber nur bei Rennen. Jedes Mal, wenn ich eine Startnummer anstecke, lege ich auch dieses Kettchen um, es gehört mittlerweile zu meinem festen Ablauf, als Schutz. Ich bin katholisch erzogen worden, aber nicht religiös. Der Verlust meines Bruders hat meine Sicht auf das Leben und den Tod in gewisser Weise verändert. Wenn deine Zeit gekommen ist, dann ist sie vorbei. Man weiß nie, wann sie vorbei sein wird, und deshalb muss man das Leben jeden Tag aufs Neue genießen.

Ich weiß nicht, ob mein Bruder mit mir in Foix war. Wer weiß schon, was mit einem passiert, wenn man tot ist? Ich glaube aber, dass Pierrik ein Auge auf mich hat. Ich sitze jeden Tag auf dem Rad und gehe im Rennen enorme Risiken ein. Für einen Profi habe ich relativ wenig Stürze vorzuweisen, bei vier Tour-Teilnahmen steht nur ein einziger zu Buche: Das lief ziemlich unglücklich, weil mir ein anderer Fahrer an einer Versorgungsstelle eine Trinkflasche in die Speichen geworfen hat. An einem der Tage vor meinem Etappensieg gab es dann einen Massensturz, bei dem ich wie durch ein Wunder unversehrt geblieben bin."

Kurz vor der Ziellinie nimmt Hugo die Hände vom Lenker. Er reckt erst eine geballte Faust und dann den rechten Zeigefinger gen Himmel. „So viel Schmerz ich nach Pierriks Tod empfunden hatte, so viel Freude empfand ich bei meinem Etappensieg. Nicht nur für ihn, sondern auch für mich selbst, nach allem, was ich dafür getan hatte. All die Jahre harter Arbeit und die vielen gebrachten Opfer – auch diese Erkenntnis traf mich wie ein Schlag."

Mit seinem Sieg ist natürlich sehr viel Bedeutung verbunden. Nach zwei nationalen Titeln im Zeitfahren ist der Sieg in Foix sein erster Triumph in Europa. Hugo ist der zweite kanadische Etappensieger in der Geschichte der Tour nach Steve Bauer, dem Mann, der ihn als Jungprofi bei Spidertech unter seine Fittiche nahm. „Das Coole daran war, dass Steve, mittlerweile Teammanager von Israel-Premier Tech, den ganzen Tag im Begleitfahrzeug hinter mir fuhr. Alle meine Freunde aus der Spidertech-Zeit, meine ganze Generation, waren bei der Tour dabei. Guillaume Boivin als Teamkollege, Jon Adams als Soigneur und auch Antoine Duchesne, mit dem ich fünf Jahre lang zusammengewohnt hatte, stand für Groupama-FDJ am Start. Das alles machte es noch viel schöner. Ha, am nächsten Tag konnten es die Jungs immer noch nicht fassen, dass ich tatsächlich gewonnen hatte."

Im mehr als 5.000 Kilometer entfernten Sainte-Perpétue erleben zwei aufgewühlte Eltern, wie ihr Sohn seinem Bruder die letzte Ehre erweist. Diane Allard ruft ihren Mann Yvon am späten Vormittag an, um ihm zu sagen, er solle auf der Baustelle alles stehen und liegen lassen und sofort nach Hause kommen. Zusammen mit ein paar von Dianes Kollegen verfolgen sie am Bildschirm Hugos Etappensieg. Es wird noch fast zwei Monate dauern, bis er im September nach Hause kommt und sie ihm persönlich gratulieren können. „Meine Mutter und mein Vater sind eher zurückhaltender Natur. Nachdem ich gewonnen hatte, wurden sie von allen möglichen Medien angerufen und um ein Interview gebeten, aber sie hielten sich bedeckt. Sie waren auf ihre eigene Art sehr glücklich. Meine Eltern sind keine großen Redner, aber ich bin sicher, dass sie sehr stolz sind. Sie haben mir immer die Freiheit gelassen, das zu tun, was mir am besten gefiel, und mich immer unterstützt."

Seit Pierriks Tod hat sich die Familiendynamik verändert, auch weil Hugo in einen anderen Teil der Welt gezogen ist, um seinen Traum als Profi zu leben. „In den letzten vier Jahren war ich an Weihnachten nicht zu Hause, und meine Eltern mussten alleine feiern. Das ist es, was ich mit Opfer bringen meine. Ich bin das einzige Kind, das sie noch haben, und ich bin fast das ganze Jahr über in Europa. Trotzdem geht es meinen Eltern gut. Ich kenne Familien, die nach dem Verlust eines Kindes auseinandergebrochen sind. Das ist bei uns nicht passiert. Meine Eltern spüren immer noch den Schmerz über den Verlust, aber sie haben ihr Leben wieder in die Hand genommen und unternehmen viel zusammen.

Ich wünschte, mein Bruder hätte nach Europa kommen können, um mich zu besuchen. Es ist immer noch schlimm, aber nicht zu ändern: Es ist, wie es ist. Indem ich meine Geschichte erzähle, kann ich anderen Menschen hoffentlich etwas Trost geben. Und mir ist sehr wohl bewusst, dass, egal wie sehr ich leide, es Kriege auf der Welt gibt, in denen Menschen wirklich alles verlieren. Aber selbst wenn etwas wirklich Schlimmes in deinem Leben passiert, wie der Tod eines geliebten Menschen, du musst da durch. Es kann drei, vier, fünf Jahre dauern, aber irgendwann findet man das Glück wieder. So wie ich es bei der Tour erlebt habe."

Seit seinem Triumph ist Hugo in Kanada eine Berühmtheit. Er wurde zu großen Fernsehsendungen eingeladen, in allen Jahresrückblicken erwähnt und landete bei einer Wahl zur größten Persönlichkeit des Jahres 2022 sogar unter den ersten zehn. Die Geschichte seines Sieges und die Hommage an Pierrik lassen die Kanadier dahinschmelzen. „Ich bin derselbe Hugo geblieben, aber ich werde erst jetzt als echter Radrennfahrer gesehen. Wenn in Nordamerika jemand hört, dass man Radprofi ist, lautet die erste Frage: ‚Bist du die Tour gefahren?' Wenn die Antwort Nein lautet, dann bist du ein Nichts. Wenn du Ja sagst, dann heißt es: Chapeau! Als sie von meinem Etappensieg hörten, reagierten die Leute so, als hätte ich die Tour gewonnen. Ich musste ihnen dann erst erklären, dass ich nicht das Gesamtklassement, sondern nur eine Etappe für mich entschieden hatte."

Hugo weiß besser als jeder andere, dass es im Peloton viele Fahrer wie ihn gibt: wertgeschätzte Domestiken, die ihren Kapitänen in schwierigen Bergetappen von unschätzbarem Wert sind, ihre wichtige Arbeit aber oft abseits der Kameras verrichten. Nur gelegentlich kommen sie mal in die Situation, selbst zu glänzen – und längst nicht allen von ihnen wird diese Ehre auf der größten Bühne des Radsports zuteil.

„Viele der Jungs träumen davon, mal so einen Tag zu erleben, an dem alles zusammenpasst. Für mich war das bei der Tour 2022 der Fall. Und zwar auf die schönste Art und Weise, die möglich ist. Ich hätte niemals gedacht, dass ich mal mit einem Solo über fast 40 Kilometer gewinnen würde! Und sollte mir das noch einmal gelingen, die Emotionen und die Freude werden nicht vergleichbar sein. Nicht einmal annähernd."

marianne vos

VON DER AUTOGRAMMJÄGERIN ZUR GEJAGTEN IN GELB

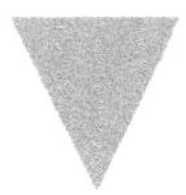

„Dass ein einziges Mädchen das alles auf dem Rad gewinnen kann!“ Henk Vos hat gerade den Lichtschalter betätigt, das Dunkel in dem alten steinernen Schuppen, in dem er schon viele Stunden verbracht hat, verschwindet. Doch in seinen Worten schwingt neben Stolz auch eine gewisse Ungläubigkeit mit, als ob ihn der Anblick jedes Mal aufs Neue überraschen würde, was auch kaum verwunderlich ist, so beeindruckend sind all die mit Pokalen, Trophäen und anderen Preisen vollgestopften Regale. Vom Boden bis zur Decke, alles vollgestellt. Keine Radrennfahrerin der Welt hat mehr gewonnen als Marianne Vos. Ihr Palmarès quillt über vor Gold-, Silber- und Bronzemedaillen, zahlreichen Weltmeistertiteln, Gesamtsiegen bei großen Rundfahrten, Triumphen bei Monumenten sowie Klassikern und einer ganzen Reihe weiterer Erfolge bei den verschiedensten Rennen. Es sind die Trophäen des außergewöhnlich erfolgreichen Radsportlebens seiner Tochter, die sie auf der Straße, der Bahn und querfeldein gesammelt hat. Vater Henk hat alles, wirklich alles, aufbewahrt und in diesem Schuppen aufgestellt. Vom ersten Pokal nach dem Sieg bei einem Fette-Reifen-Rennen im Jahr 1994 bis zu all den Trophäen von Flèche Wallonne, Flandern-Rundfahrt, Giro Donne und La Course. Das Ergebnis: eine Sammlung von etwa 800 Pokalen und Hunderten Trikots.

Zwischen all den Pokalen und Erinnerungsstücken stapeln sich auf der Ecke eines Tisches ein paar Notizbücher. Etwa acht Notizblöcke mit Spiralbindung in Briefformatgröße, alle mit dem gleichen Einband: zwei gezeichneten Papageien auf einem Ast, von denen einer vollständig, der andere nur teilweise ausgemalt ist. Daneben eine Schachtel mit Buntstiften, ein Lineal und ein kleiner Bleistiftspitzer. Wenn man den obersten Block des Stapels aufschlägt, wird sofort klar, warum sie Teil des privaten Museums sind: Die Seiten sind voll mit Unterschriften von Radfahrern, darüber der Name und die Rückennummer des jeweiligen Fahrers – festgehalten in der akkuraten Schrift eines Grundschulkindes. Gerrie Knetemann, Henk Lubberding, Jelle Nijdam, Maarten den Bakker, Cees Priem, so eine Auswahl von einer Seite eines der Exemplare, das auch die Autogramme vieler ausländischer Fahrer enthält. Es sind Erinnerungsstücke an vergangene Urlaube. Von Ende der Achtziger- bis Anfang der Nullerjahre gab es für die Familie Vos im Monat Juli nur ein einziges Reiseziel, und das war Frankreich. Oder besser gesagt: die Frankreichrundfahrt.

Henk war geradezu süchtig nach der Tour. Er beteiligte sich aktiv im lokalen Radsport, und im Sommer liebte er nichts mehr, als mit seiner Frau Connie, seinem Sohn Anton und seiner Tochter Marianne dem Peloton beim größten Radsport-Event des Jahres hinterherzureisen.

„Uns ging es gut, aber reich waren wir nicht“, erklärt Henk. „Wir hatten nicht die finanziellen Mittel, um wie die meisten anderen Familien Urlaub zu machen. Ich hatte einen Kleinbus notdürftig zu einem Wohnmobil umgebaut. Im Fond hatte ich mit einem Brett über der Hinterradachse eine Art Bank gebaut, die wir flach hinlegen und auf der die Kinder schlafen konnten. Wir nahmen so viele Lebensmittel wie möglich von zu Hause mit. Mit dem Tourbuch und der Straßenkarte Frankreichs in der Hand fuhren wir überall hin. An einem Tag ging es für uns zum Start-, am nächsten zum Zielort einer Etappe. Und manchmal standen wir schon am Vorabend an der Strecke. Am nächsten

Tag konnten die Kinder dann die Bidons einsammeln, die von den Fahrern weggeworfen wurden. Oder die Wurfgeschenke von der Werbekarawane. Auf einem Campingplatz waren wir nie, sondern haben uns immer irgendwo ein Plätzchen zum Übernachten gesucht. Es war ein einziges großes Abenteuer."

Wie ihr Vater erinnert sich auch Marianne gerne an die Sommerferien, in denen die Familie Vos zehn Tage bis zwei Wochen lang kreuz und quer durch Frankreich reiste, immer der umherziehenden Karawane folgend. Für die kleine Marianne war es nicht einmal so sehr die Strecke, die sie in den Bann zog. „Mich hat als Kind am meisten beeindruckt, wie großartig dieser ganze Zirkus war. Der Start, die Zielankunft, die Werbekarawane – das hat so viel mehr Eindruck gemacht als all die anderen Rennen. Damals gab es zwar schon das Internet, aber man konnte noch nicht mal eben schnell etwas googeln. Das Gleiche galt für die Navigation. Wir mussten oft etwas herumsuchen, sind aber meistens an schönen Orten gelandet. Dann standen wir irgendwo am Straßenrand, aßen ein Baguette und warteten darauf – mit eingeschaltetem Radio Tour –, dass das Peloton uns passierte."

Auch die Jagd nach Autogrammen ist Marianne noch gut in Erinnerung. Mit dem Ringblock und einem Stift in der Hand streifte sie um die Mannschaftsbusse herum und wartete darauf, dass die Fahrer ausstiegen, um sich zum Start zu begeben – dann war der Zeitpunkt günstig, um zuzuschlagen. Nach dem Etappenende am späten Nachmittag gelang es ihr auch manchmal, einen Fahrer abzupassen, aber oftmals schossen die dann nur schnell vorbei in Richtung Dusche. Dann hieß es warten, in der Hoffnung, dass sich vielleicht noch mal der ein oder andere Fahrer blicken ließ, zum Beispiel für ein Fernsehinterview. Im Anschluss blieben sie meist noch ein Weilchen, um den anwesenden Fans Autogramme zu geben. Bruder Anton war der fanatischere Autogrammjäger von beiden, aber Marianne war auch nicht ohne. Aufgeben kam für sie kaum infrage. „Mit den Niederländern war es meist etwas einfacher. Manchmal konnte man mit ihnen reden, aber oft war ich froh, wenn ich nur die Unterschrift in meinem Heft hatte. Kannte ich den Fahrer, habe ich sofort seinen Namen daruntergeschrieben. Andernfalls habe ich ihn anhand der Rückennummer im Tourheft nachgeschlagen. Als ich noch jünger war, hat das immer meine Mutter für mich übernommen.

Unsere Geduld wurde zeitweise auf eine harte Probe gestellt. Dann standen mein Bruder und ich mit ein paar Hundert anderen Fans in der sengenden Sonne und warteten bei den Mannschaftsbussen. Es war die Zeit von Lance Armstrong, Jan Ullrich und Alexander Winokurow, und deren Autogramme waren schwer zu bekommen. Manchmal kehrten wir mit leeren Händen zurück, aber schließlich gelang es uns, auch deren Unterschriften zu ergattern. Das waren die ganz besonderen Momente."

Im Laufe der Jahre machte Vater Henk mehr und mehr Bekanntschaft mit Tour-Beteiligten, von den Betreuern des Rabobank-Teams bis zu den Mitarbeitern der ASO. Hin und wieder erhielt er Akkreditierungen, die den Kindern und ihm den Zugang zum „Village Départ" ermöglichten, einer Art mobilem Dorf in der Nähe der Startlinie, in dem die Fahrer vor der Etappe mit Teamkollegen oder Fahrern aus anderen Mannschaften eine Tasse Kaffee trinken oder die Zeitung lesen konnten. Für Marianne und Anton war das die perfekte Möglichkeit, um innerhalb kürzester Zeit viele Autogramme zu sammeln. „Wir haben uns alle Zeit genommen, die wir dafür brauchten", sagt Henk. „Auch wenn die Kinder lange warten mussten, in der Nähe der Mannschaftsbusse oder manchmal auch abends auf den Treppenstufen eines Hotels, in dem einige der Mannschaften übernachteten. Manchmal sind wir auch extra hingefahren. Dann mussten wir warten und darauf hoffen, dass ein Fahrer herauskam. Aber all das gehörte wirklich zum Urlaub dazu. Zu Beginn des neuen Schuljahres erzählten ihre Klassenkameraden dann von den Ferienparks, in denen sie gewesen waren. Nicht so Anton und Marianne.

Bei ihnen drehten sich alle Redebeiträge und Aufsätze in der Schule immer um die Tour de France."

Wie ihr Vater und ihr Bruder war auch Marianne vom Radsportvirus infiziert. Sie bekam ihr erstes Rennrad, nahm an Rennen teil, und schnell kristallisierte sich heraus, dass sie sehr viel Talent mitbrachte. In kürzester Zeit tourte die Familie jedes Wochenende durch die Niederlande, damit Marianne Rennen fahren konnte. Als die Sommerferien kamen und die Tour wieder anstand, war es nur logisch, dass auch ihr Rennrad mit auf Reisen ging.

„Sobald mein Vater das Wohnmobil abstellte, schnappten mein Bruder und ich uns das Rennrad und fuhren Teile der Strecke ab. Wir mussten allerdings aufpassen, dass wir rechtzeitig umdrehten, denn wenn das Peloton anrückte, wurde die Straße von der Gendarmerie gesperrt und wir konnten nicht mehr zum Wohnmobil und zu unseren Eltern zurück. Aber das hat immer geklappt."

Marianne erinnert sich besonders gut an die Bezwingung von Alpe d'Huez, einem der berühmtesten Anstiege in den Alpen. Ihr Vater hatte das Wohnmobil am Fuß des Berges geparkt, und von Bourg d'Oisans aus ging es mit ihrem Bruder zusammen per Rad hinauf. Beide in ihrem eigenen Tempo. „Damals war ich zehn oder elf, und am Tag, bevor die Tour dort vorbeikommen sollte, hatten schon viele Camper und Zuschauer am Rande der Strecke ihr Lager aufgeschlagen. Außerdem waren die Namen der Fahrer mit weißer Farbe auf die Straße gepinselt worden. Schon damals galt Alpe d'Huez als ‚Berg der Holländer'. Ich hangelte mich von Kehre zu Kehre, und vor allem die letzten Kilometer erkannte ich wieder, von Bildern, die ich zuvor im Fernsehen gesehen hatte. Das war so beeindruckend, fast kam es mir vor, als würde ich selbst am Rennen teilnehmen."

Nachdem sie den Skiort erreicht hatten, fuhren Marianne und Anton weiter zum örtlichen Tourismus-Office, wo sie eine Urkunde als Beweis dafür erhielten, dass sie den imposanten Berg bezwungen hatten. Dann stiegen sie wieder auf ihre Räder, schließlich mussten sie auch wieder hinunter. Vater Henk hatte versucht, mit dem alten Ford-Bus den Berg hinaufzufahren, gab das Unterfangen aber schon nach der dritten Kurve auf – für den Bus war es einfach zu steil. Kein Problem für die Kinder, sie meisterten die Abfahrt mit Bravour, und am nächsten Tag standen Marianne und ihre Familie an der Strecke, um die Profis bei ihrer Tortur hinauf nach Alpe d'Huez zu unterstützen.

Wir spulen vor zum 21. Juni 2009. Marianne Vos ist wieder in Frankreich. Diesmal nicht für einen Familienurlaub, sondern um an der Grande Boucle Féminine Internationale teilzunehmen. Drei Jahre zuvor war sie Profi-Radsportlerin geworden, und inzwischen hat der 22-jährige Nimmersatt aus dem Dorf Babyloniënbroek in Brabant bereits eine ganze Reihe von großen Erfolgen vorzuweisen: olympisches Gold auf der Bahn, zweimal Weltmeisterin im Querfeldeinfahren und einmal Weltmeisterin auf der Straße; dazu zahlreiche weitere Siege bei prestigeträchtigen Rennen.

Bei der Grande Boucle gewann sie die vierte und letzte Etappe, es war bereits ihr 61. Sieg auf der Straße. Vos sollte die Letzte ihrer Art sein, denn im Anschluss wurde das Rennen, das jahrelang als Tour de France für Frauen bekannt war, aufgegeben.

Nach einer einmaligen Ausgabe im Jahr 1955 erblickte die Tour de France Féminin 29 Jahre später das Licht der Welt. Zwischen 1984 und 1989 fuhren die Frauen ein zweiwöchiges Etappenrennen an denselben Tagen und über teilweise dieselbe Strecke wie die Männer. In den folgenden zehn Jahren, in denen Leontien van Moorsel dreimal als Beste der Gesamtwertung abschnitt, änderte das Rennen mehrmals sowohl seinen Namen wie auch den Zeitpunkt der Austragung. Der Mangel an Sponsoren und interessierten Städten, die als Start- oder Zielort fungieren wollten, machte sich immer wieder bemerkbar. Ab 1998 firmierte das Rennen als Grande Boucle Féminin, doch das Prestige sank weiter wie auch die Zahl der Etappen. Von 14 Etappen im Jahr 2004 waren bereits ein Jahr später nur sechs übrig, und bei der letzten Ausgabe im Jahr 2009, bei der Vos die letzte gewann, nur noch mickerige vier (auch weil die drei geplanten Etappen in der Bretagne nicht stattfinden konnten). Die Grande Boucle hatte ihren Glanz verloren und war am Ende.

„Als Kind hatte ich ab und an mal mitverfolgt, wie Leontien gewonnen hatte, aber die Grande Boucle hatte nur noch wenig mit dem gemein, an das ich mich erinnerte", erklärt Marianne. „Eigentlich null Komma null. Wir wussten, dass der Name etwas mit der ursprünglichen Tour der Frauen zu tun hatte, aber es gab keine klare Verbindung mehr. Es war einfach ein Rennen in Frankreich, eines unter vielen anderen. Tour de l'Aude und Giro Donne, das waren für uns die großen Etappenrennen." In den folgenden Jahren ging es mit dem Frauenradsport dann langsam, aber sicher aufwärts, zwar in kleinen Schritten – ein Großteil der Rennen wurde noch nicht live im Fernsehen übertragen –, aber die Professionalisierung nahm zu. 2013 hielt eine Gruppe von Fahrerinnen die Zeit für den nächsten Schritt gekommen und wandte sich mit einer Petition an die ASO, den größten Veranstalter im Radsport und unter anderem Eigentümer der Tour de France.

„Ich wurde damals von Emma Pooley, Kathryn Bertine und Chrissie Wellington angesprochen, die den Plan gefasst hatten, die Tour für die Frauen wieder ins Leben zu rufen. Unser Kalender bestand bereits aus großartigen Rennen, und es war nicht so, dass da eine große Lücke klaffte, aber wir wussten um die Bedeutung der Tour. Sie konnte dem Frauenradsport zu mehr Popularität verhelfen."

Nach der WM, bei der Vos zum dritten Mal in ihrer Karriere Straßenweltmeisterin wurde und ihren Vorjahrestitel verteidigte, lenkte Vater Henk das Wohnmobil (mittlerweile ein neueres und größeres Modell) von Florenz nach Paris. In der französischen Hauptstadt setzte sich Marianne mit einer Delegation der ASO, darunter auch Direktor Christian Prudhomme, zusammen, um die Möglichkeiten zu besprechen. Ein

Jahr später wurde „La Course“ ins Leben gerufen, ein eintägiges Rennen, bei dem die Fahrerinnen *vor* der letzten Etappe der Männer-Tour ebenfalls mehrfach die Runde über und um die Champs-Elysées zurücklegten. Die Siegerin der ersten Ausgabe 2014 lautete – wie könnte es anders sein – Marianne Vos. Nach drei Ausgaben in Paris folgten Abstecher in die Alpen, nach Pau, Nizza und in die Bretagne, wobei die gleiche Strecke wie bei den Männern gefahren wurde. Nach dem Erfolg von La Course beschloss die ASO, die Klassiker Lüttich-Bastogne-Lüttich und Paris-Roubaix ebenfalls für Frauen aus der Taufe zu heben. Auch andere attraktive Rennen wie die Flandern-Rundfahrt, das Amstel Gold Race und die Strade Bianche erhielten immer mehr Aufmerksamkeit. Darüber hinaus entschlossen sich weitere renommierte Teams, neben dem Männer- auch ein Frauenteam zu gründen, das die bereits vorhandene Teamstruktur und das Know-how voll ausschöpfen konnte. Nach Trek-Segafredo im Jahr 2019 folgten unter anderem Jumbo-Visma, Movistar und Team DSM. Etwas war ins Rollen gekommen.

Am 21. Mai 2021 gab die ASO bekannt, dass es 2022 eine Tour de France Femmes geben würde, jedoch nicht gleichzeitig, sondern im Anschluss an die Große Schleife der Männer. Eine achttägige Veranstaltung mit Start in Paris und Ziel auf dem Gipfel der Planche des Belles Filles in den Vogesen. Nach der Initialzündung im Jahr 2013 hatte es eine Weile gedauert, aber endlich gab es wieder eine Tour de France für Frauen.

Im Sommer 2022 bestieg die Familie Vos erneut das Wohnmobil. Das nächste Frankreich-Abenteuer stand an, diesmal allerdings fehlte ein Familienmitglied. Marianne hatte sich bereits ihrem Team Jumbo-Visma angeschlossen, um sich auf das vorzubereiten, was ein Meilenstein im Frauenradsport werden sollte. Auch für sie war es ein Novum, denn in den 16 Jahren ihrer Profikarriere hatte Vos noch nie eine Tour de France bestritten. „Es war schwer, sich vorab ein Bild davon zu machen, wie es sein würde. La Course in Paris hatte mich schon ziemlich beeindruckt, aber das hier sollte noch etwas ganz anderes werden. Unsere Tour wurde im Vorfeld kräftig beworben, und ich hatte fast ein wenig Angst, dass es in Wirklichkeit nicht so sein würde, wie ich es mir vorgestellt hatte. Aber meine Angst war unbegründet, von Tag eins an lockte das Rennen viele Fans an. Nicht nur Radsportfans, sondern auch ganz normale Franzosen wollten uns zujubeln. Schon in der neutralisierten Phase, bevor das Rennen freigegeben wurde, waren jeden Tag viele Menschen zu sehen. An den Anstiegen sah ich durchgehende Reihen von Campern, und die Namen der Fahrerinnen waren auf den Asphalt gemalt. Es war der Tour-Wahnsinn, wie ich ihn aus dem Fernsehen kannte und schon oft im Urlaub erlebt hatte. Das hat mich schwer beeindruckt. La Course war schön gewesen, aber das hier fühlte sich noch großartiger an."

Vos gönnte sich ab und an einen Augenblick, um das Ganze zu genießen, aber während des Rennens konzentrierte sie sich ganz auf die Leistung. Als „Wettkampfsau" wollte sie nichts anderes, als eine Etappe zu gewinnen. Schon am ersten Tag in Paris war die Kapitänin vom Team der niederländischen Supermarkt-Kette nah dran, musste sich aber ihrer etwas schnelleren Landsfrau Lorena Wiebes geschlagen geben. Gut 24 Stunden später bot sich auf der zweiten Etappe von Meaux nach Provins eine weitere Gelegenheit. Vor allem, nachdem es Elisa Balsamo und Elisa Longo Borghini von Trek-Segafredo nach einem Zwischensprint verstanden, geschickt die Windverhältnisse auszunutzen. Sie bildeten eine Spitzengruppe, in der auch Vos um den Etappensieg kämpfen sollte. Auf dem letzten, abschüssigen Kilometer standen wieder reihenweise Fans, die enthusiastisch auf die Absperrungen bollerten, um sie anzufeuern.

„Ich habe den Lärm zwar gehört, aber die Fans nicht gesehen", rekonstruiert Marianne das Geschehen. „Ich habe mich auf die Konkurrentinnen um mich herum konzentriert. Ich fand den letzten Kilometer super spannend. Manchmal kann ich ruhig bleiben und meine Nerven im Zaum halten, aber an dem Tag war es schwierig. Es war nicht so, dass mich die Größe der Tour überwältigt hätte, aber mir war klar, dass jetzt eine günstige Gelegenheit gekommen war, eine Etappe zu gewinnen. Der Schlüssel zum Sieg bestand darin, den Sprint gut zu timen und keine Fehler zu machen. Einmal habe ich mich umgeschaut und wäre dabei fast in das Hinterrad von Katarzyna Niewiadoma gekracht. Solche Dinge passieren manchmal, wenn man nervös ist. Zum Glück ist es gerade noch mal gut gegangen."

Das Gleiche galt für den Sprint. Niewiadoma, Longo Borghini und Silvia Persico hatten keine Antwort auf den explosiven Endspurt der Jumbo-Visma-Frontfrau, die mit geballter Faust und einem Siegesschrei die Ziellinie überquerte. Anschließend musste sie mit den Armen über dem Lenker und mit gesenktem Kopf erst mal nach Luft schnappen. Sie ließ sich zum mittelalterlichen Tor rollen, stieg von ihrem Rennrad ab und setzte sich auf einen der Heuballen, die dort aufgestapelt lagen. Eine Minute später wurde sie von ihrer Mutter gebusselt und ihrem Vater umarmt. Nachdem der Schmerz langsam aus ihren Beinen gewichen war, die Euphorie überhandgenommen hatte und sie sich bei allen Teamkolleginnen für die Arbeit auf der Straße bedankt hatte, kehrte Marianne noch mal zurück und setzte sich neben ihre Eltern auf den Heuballen. Bruder Anton stand ein paar Meter entfernt und hielt als professioneller Radsportfotograf die Feierlichkeiten rund um seine Schwester fest. „Ich konnte die Freude mit so vielen Menschen teilen: meinen Eltern, der Sportlichen Leitung, meinen Teamkolleginnen, die den ganzen Tag geschuftet hatten, um mich in eine gute Position zu bringen ... Ich spürte, was mein Sieg für alle bedeutete, die da waren und die während der Vorbereitung auf die Tour mitgeholfen hatten. Das war vielleicht noch schöner als der Sieg selbst."

Der Gewinn der zweiten Etappe der Tour de France Femmes war für Vos der 241. (!) Sieg ihrer Karriere bei einem Straßenrennen. Ein Sieg mit einem sehr schönen Bonus, denn auf dem Podium durfte sie sich als neue Gesamtführende auch das Gelbe

Trikot überstreifen. „Das war schon etwas sehr Außergewöhnliches. Das war zwar nicht mein absolutes Ziel, aber da ich von Anfang an auf Etappensiege aus war, wusste ich, dass ich die Chance auf das Gelbe Trikot haben würde. Es war etwas ganz Besonderes, ein paar Tage in diesem Trikot fahren zu können."

Das Gelbe Trikot zu tragen bringt auch viele unvermeidliche Verpflichtungen mit sich, sowohl vor als auch nach den Etappen. Neben der Siegerehrung auf dem Podium bedeutet es viele Fernsehinterviews, eine Pressekonferenz für die schreibende Zunft und oft auch Besuch von den Dopingkontrolleuren. „Da ging viel Zeit und Energie drauf, und das hat sich selbstredend auf meine Erholung ausgewirkt, aber ich habe das alles mitgemacht und es geschafft, die anfallenden Aufgaben – um es vorsichtig zu formulieren – zu umarmen. Natürlich war das ein Luxusproblem. Vor allem an den Tagen, an denen ich gewonnen habe, war das alles nicht so wichtig. Es war die erste Tour, und ich war meistens sehr zufrieden mit unserem Abschneiden als Mannschaft."

Neben diesen Pflichtaufgaben warteten auch noch die Fans. Sehr viele Fans. Sie alle wollten nichts lieber, als ein Autogramm von einer der besten Fahrerinnen aller Zeiten zu bekommen, die auch noch Gelb trug – ob beim Mannschaftsbus, nach der Siegerehrung oder wenn Vos in den bereitstehenden Mannschaftswagen steigen wollte, der sie zum nächsten Hotel bringen würde, um wieder zum Team zu stoßen. Es waren dieselben Szenen, die Marianne bereits 20 Jahre zuvor erlebt hatte, als kindlicher Fan des ganzen Zirkus, der überglücklich war, wenn es gelang, ein hingekritzeltes Autogramm von einem Fahrer mit Rang und Namen zu ergattern.

„Manchmal war das alles ein bisschen viel. Es gab Momente, da musste ich professionell sein und an meine Erholung denken. Ich konnte nicht jedes Mal innehalten und warten, aber meistens habe ich versucht, mir die Zeit zu nehmen und Autogramme zu geben. Ich habe auf allem Möglichen unterschrieben: dem Tourbuch mit den Etappen, auf Mützen, Trikots oder einfach einem Fetzen Papier. Es war besonders schön zu sehen, dass die Mädchen und Jungen – die oft ein gelbes oder grünes oder ein WM-Regenbogentrikot trugen – so begeistert waren. Manchmal denke ich amüsiert: Und, was fangen die jetzt mit so einem Autogramm an? Aber natürlich habe ich früher genau das Gleiche gemacht. Wenn man am Straßenrad stand und das Rennen miterlebt hat, kann ein Autogramm eine schöne Erinnerung daran sein. Bei der Tour habe ich sehr wohl gemerkt, dass all diese Leute wegen uns an die Strecke gekommen waren. Das war ein Zeichen dafür, dass der Frauenradsport lebt. Ohne Fans gibt es auch kein Rennen."

Die Krönung ihres fünftägigen Abos auf das Maillot Jaune folgte an Tag sechs, einer kniffligen Bergetappe nach Rosheim. Mit Blick auf die beiden letzten Bergetappen in den Vogesen war dies ihre letzte Chance auf einen weiteren Sieg. Vos hatte im Vorfeld mehrere Szenarien durchgespielt, und die Etappe endete schließlich in einem Massensprint des dezimierten Pelotons. Wie ein Pfeil, der von einem Bogen geschossen wird, raste die Frau in Gelb ins Ziel. Sie setzte sich in diesem Sprint gegen ihre Konkurrentinnen Marta Bastianelli, Lotte Kopecky und Elisa Balsamo durch und holte sich ihren zweiten Tageserfolg.

„In Gelb zu gewinnen hat meinem Sieg eine zusätzliche Dimension verliehen. Ich wollte unbedingt im Gelben Trikot gewinnen, aber die anderen Fahrerinnen wollten sich ebenso sehr in die Siegerliste eintragen. Ein Sieg war nicht selbstverständlich, ich wusste, dass ich das Letzte aus mir herausholen musste. Das war das Tüpfelchen auf dem i."

Henk Vos lässt die Seiten mit den Autogrammen durch seine Finger gleiten und legt den Block mit den vorn abgebildeten Papageien zurück auf den Stapel. Dann klappt er die Kiste mit den Regenbogentrikots zu und schiebt sie unter den Tisch. Zeit, wieder nach Hause zu gehen. Er macht das Licht aus, schließt die Tür ab und holt den Schlüssel zu seinem Wagen aus der Tasche. Noch einmal denkt er an diesen besonderen Moment am 25. Juli 2022 zurück, als er mit seiner Frau auf dem Heuballen vor der Altstadt von Provins saß, neben ihrer Tochter, die bei der ersten Auflage der Tour de France Femmes nicht nur die Etappe gewonnen hatte, sondern auch das Trikot der Gesamtführenden erobern konnte.

„Ich kann Ihnen gar nicht sagen, wie schön das war. Vor allem, wenn man an die alten Zeiten zurückdenkt, an all die Jahre, in denen wir nach Frankreich gefahren sind, um die Tour zu sehen. Jetzt nahm Marianne selbst an diesem Rennen teil und durfte sich nach ihrem Sieg sogar das Gelbe Trikot überziehen. Es war, mit einem Wort, fantastisch."

simon clarke

SCHLAUER SCHACHSPIELER

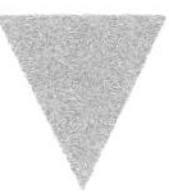

„Es war der 6. Juli 2022. Die fünfte Etappe nach Wallers-Arenberg, und ich war zusammen mit Taco van der Hoorn, Edvald Boasson Hagen, Neilson Powless, Magnus Cort und Alexis Gougeard in einer Ausreißergruppe. Wir hatten uns vom Start weg abgesetzt, hatten nun noch drei Kopfsteinpflasterpassagen und etwa 25 Kilometer vor uns und einen Vorsprung von mehr als einer Minute. Normalerweise kann ein Peloton so ein Loch innerhalb von zehn Kilometern zufahren, aber auf dem Kopfsteinpflaster ist das eine andere Geschichte. Da ist jeder am Limit, und da macht man nicht einfach mal so eine Minute gut. Ich dachte: Dieser Vorsprung reicht wahrscheinlich aus, um vorne zu bleiben. Aufgrund der Zusammensetzung unserer Ausreißergruppe war von Anfang an klar, dass sie hinten sehr hart würden fahren müssen, um uns einzuholen.

Ein Jahr zuvor, bei der Polen-Rundfahrt, war ich mit Taco ebenfalls in einer Ausreißergruppe, und zwar auf der mit 226 Kilometern längsten Etappe jener Woche. Auch damals haben wir uns gleich nach dem Start vom Feld abgesetzt. Es war sehr fraglich, ob wir durchkommen würden, aber cool war es in jedem Fall. Schließlich wurden wir erst auf den letzten zwei Kilometern gestellt. Taco hat mich an diesem Tag völlig fertig gemacht; ich fuhr echt auf dem Zahnfleisch, um überhaupt sein Hinterrad halten zu können. Zwar bin ich auch mal vorn gefahren, aber dann hat er mich überholt und ist viel länger im Wind geblieben als ich. ‚Verdammt, der Kerl ist wirklich bärenstark', dachte ich damals.

Bei Fahrertypen wie Taco und auch Edvald und Magnus war klar, dass ich nicht zu weit vor dem Ziel angreifen durfte – das wäre dumm und würde nach hinten losgehen. Ich habe mir gesagt: ‚Zuerst sorgst du mal dafür, dass du die letzten Kilometer gut überstehst. Erst danach verschwendest du einen Gedanken an das Finale.' Andersherum würde in einem dieser Pflaster-Sektoren zweifellos etwas schiefgehen. Um es mir leichter zu machen, habe ich mir vorgestellt, als ob es danach noch 100 Kilometer bis zum Ziel wären. In Wirklichkeit waren es nach dem letzten Abschnitt nur noch etwas mehr als fünf Kilometer. Von diesem Moment an hieß es *game on,* und ich überlegte mir: ‚Wie soll ich dieses Finale angehen?'

Ich bin ein Fahrer, der immer auf einen Ausreißversuch aus ist. Vor einer großen Tour werde ich oft gefragt, welches *meine* Etappe sein wird, aber ich plane das nicht so weit im Vorfeld. Doch ich schaue mir ständig die Platzierungen in der Gesamtwertung an und überlege, was die verschiedenen Teams vorhaben könnten, um mir meine Chancen auszurechnen. Wer wird um den Etappensieg, das Trikot des Gesamtführenden oder um Zeitbonifikationen kämpfen? Wenn ich glaube, dass die Teams der Klassementfahrer nicht auf den Etappensieg aus sind, dann kann ich angreifen, ob das Streckenprofil nun meinen Fähigkeiten entspricht oder nicht. Bei Etappen, die auf mich zugeschnitten sind, bin ich zwar bereit, aber wenn ich weiß, dass Ausreißer ohnehin keine Chance haben, hat es keinen Sinn, meine Energie darauf zu verschwenden. Für mich geht es wirklich darum, ob es realistisch ist, dass die Ausreißer sich halten können.

Ich hatte die sechste und nicht die fünfte Etappe im Hinterkopf. Ich war mir sicher, dass 75 Prozent des Feldes nach der Kopfsteinpflasteretappe mehr als zehn Minuten Rückstand haben würden. Wenn dann ein Fahrer in der Fluchtgruppe mitgeht, der nur eine Minute vom Gelben Trikot entfernt ist, hat man keine Chance: Das Team des Gesamtführenden wird die Lücke zufahren. Nachdem ich all diese Faktoren einbezog – was ich immer tue –, kam ich zu dem Schluss, dass sich auf der sechsten Etappe eine gute Chance für einen Etappensieg bieten würde.

Bis Zakkari Dempster, einer der Sportlichen Leiter meines Teams Israel-Premier Tech und wie ich Australier, am Abend vor der Arenberg-Etappe zu mir kam. ‚Weißt du, was ich denke?', fragte er mich. ‚Ich denke, dass wir morgen eine Ausreißergruppe bilden sollten.' 2014 war ich auf der Kopfsteinpflasteretappe auch in einer Ausreißergruppe, aber damals fuhr ich nicht um den Etappensieg, sondern wollte mich nur aus allem möglichen Unbill raushalten. Es regnete an diesem Tag, und ich wollte keinesfalls auf nassem Kopfsteinpflaster in einem Peloton feststecken, das aus lauter Bergspezialisten bestand und solche Verhältnisse nicht gewohnt war. In der Ausreißergruppe würde ich einen leichteren Tag haben als im Peloton und könnte dann auf der nächsten Etappe angreifen. Auf dem Kopfsteinpflaster würde es ohnehin zu Stürzen kommen, die das Rennen sprengen würden, und wir würden vermutlich weit vor dem Ziel eingeholt werden. Genau das war auch geschehen.

Diesmal war die Wettervorhersage gut. Es war trocken, und der Wind stand günstig. Als ich darüber nachdachte, kam für mich nur ein Team infrage, das wirklich um den Etappensieg fahren würde, und das war Trek-Segafredo. Alle anderen Mannschaften schielten mit ihren Kapitänen aufs Gesamtklassement, und so bestand die Chance, dass Ausreißer es ins Ziel schaffen könnten. Als ich das Für und Wider gegeneinander abgewogen hatte, sagte ich zu Zak: ‚Okay, warum nicht?'

Zwei Kilometer vor dem Ziel waren nur noch vier von uns übrig: Powless, van der Hoorn, Boasson Hagen und ich. Kurz bevor es auf den letzten Kilometer ging, setzte Powless seine Attacke. Das war perfekt für mich. Wenn ich mir etwas hätte wünschen können, dann wäre es genau das gewesen. Kurz zuvor hatte ich mir gesagt: Edvald ist derjenige von uns mit der größten Endschnelligkeit, ihm ist an einem Sprint gelegen. Ich muss hoffen, dass er auf dem Weg dahin so viel Energie verpulvert, dass ich das ausnutzen kann. Ohne Taco und Neilson zu nahe treten zu wollen, aber in diesem Moment war ich voll und ganz auf Edvald konzentriert. Auch weil ich wusste, dass er in Gedanken mit den beiden anderen Jungs beschäftigt war, womit sie für mich in gewisser Weise erst mal keine Gefahr darstellten. In meiner Situation war Edvald der Schlüssel, und so hatte ich mich an seinem Hinterrad positioniert.

Als Powless seine Attacke lancierte, musste Edvald nachsetzen. Schließlich hatten beide sogar die Chance, ins Gelbe Trikot zu fahren, und da durfte er keine Zeit auf ihn verlieren. Nach Powless' Angriff zog ich selbst schon für den Bruchteil einer Sekunde das Tempo an, weil ich überzeugt war, dass Edvald sofort reagieren würde. Doch er tat nichts dergleichen, ich konnte es gar nicht glauben. Oh, Scheiße, ging es mir durch den Kopf. Nicht, weil es jetzt an mir war, zu reagieren – das hätte ich sowieso bleiben lassen –, sondern weil Edvald es sich selbst sehr schwer machte, indem er Powless ziehen ließ. Ich dachte nur: ‚Ich halt die Füße still, du bist dran, Kumpel.' Kurz vor der letzten Kurve, bei 850 Metern vor dem Ziel, machte Edvald immer noch keine Anstalten, etwas zu unternehmen. Also musste ich ihm eine Falle stellen, um sicherzugehen, dass er das Loch auf Powless noch zufahren würde.

Wenn ich an meine Jugend zurückdenke, so war ich auch dort nie der stärkste Fahrer. Ich habe nie ein Rennen allein aufgrund meiner Stärke gewonnen, und selbst auf der Bahn musste ich mir überlegen, wie ich meine Gegner schlagen konnte. Dazu brauchte es mehr als nur meine Beine. Als diese Denkprozesse bei mir einsetzten, spielte ich plötzlich alle möglichen Rennszenarien in meinem Kopf durch, so ähnlich wie beim Schach. Zum Beispiel: Dieser Fahrer ist stark, aber wenn er auf dem Weg zum Ziel zu viel Energie verbraucht, fehlt ihm hinten raus die nötige Power, die er normalerweise mitbringt.

Im Laufe der Jahre wurde ich darin immer besser, zumal ich immer öfter in einer Fluchtgruppe dabei war und mit um den Sieg fuhr. Auf diese Weise hatte ich bereits zweimal eine Etappe der Vuelta a España gewonnen. Das erste Mal 2012 in einem Bergsprint gegen Tony Martin, und dann 2018 in einem *sprint à trois* gegen Bauke Mollema und Alessandro De Marchi.

Ich kann es nicht genau beschreiben, aber in solchen Momenten lasse ich mich durch nichts aus der Konzentration bringen. Ich denke ganz sicher nicht an den Sieg oder den Zielstrich. Wenn ich das tue, verliere ich, haha. Ich blende alles aus und denke nur: Behalte diesen Fahrer im Auge, nicht den anderen. Er wird Konkurrent XY folgen, also musst du dir dazu keine Gedanken machen. Alles dreht sich um diese eine Frage: Was muss ich tun, um als Erster mein Vorderrad über die Ziellinie zu drücken? Natürlich gehört auch etwas Glück dazu, aber indem ich all das durchspiele, kann ich das Glück manchmal auch ein wenig zwingen.

Kurz vor der letzten Kehre habe ich dann absichtlich eine Lücke von etwa einer Radlänge gelassen. Kurz bevor er in die Kurve ging, schaute Edvald über seine Schulter. Ich dachte: Wenn er das sieht, wird er nach der Kurve Gas geben und versuchen, mir davonzufahren und Powless einzuholen. Zum Glück lief es genau so, wie ich gehofft hatte. Ich bin dann absichtlich die Lücke nicht sofort zugefahren. Ich befand mich immer noch in seinem Windschatten, ließ aber so viel Abstand, dass er dachte, er könne mich in Schach halten. Edvald schaute ein paar Mal unter seinem Rad hindurch nach hinten, und hätte er bemerkt, dass ich ihm dicht auf den Fersen war, er hätte rausgenommen. Das Letzte, was er wollte, war, für mich den Anfahrer im Sprint zu geben und ein *lead-out* zu fahren.

Genau in dem Moment, als Edvald zu Powless aufschloss, trat ich dann an, um die Lücke zu schließen, was alles andere als leicht war, denn er gab alles. Bis zu dem Zeitpunkt war

Edvald von Meter 800 bis Meter 350 vor dem Ziel im Wind gefahren. Ich nicht. Auch Powless war im Wind gefahren und hatte versucht, seinen Vorsprung ins Ziel zu retten. Als ich nun zu ihnen aufschloss, hatten sie sich beide bereits so verausgabt, dass sie im Rennen um den Etappensieg keine Rolle mehr spielten. Von da an konzentrierte ich mich nicht mehr auf Edvald, sondern auf Taco, der die ganze Zeit an meinem Hinterrad geklebt hatte. Jetzt musste ich mir überlegen, wie ich den schlagen konnte.

Lustigerweise hatte ich ein Jahr zuvor im Fernsehen gesehen, wie Taco die Brussels Cycling Classic gewonnen hatte. Von diesem Rennen wusste ich, dass er sehr lange Sprints mag. Ich musste ihn also dazu verleiten, genau dasselbe wieder zu tun, nur ein bisschen länger, als ihm lieb war. Als Edvald Powless überholt hatte, zog er leicht nach rechts. Ich tat das Gleiche. Unmittelbar zuvor hatte ich die Lücke geschlossen, und mit diesem Manöver wollte ich Taco zu verstehen geben, dass es mit mir nicht zum Besten stand. Ich hoffte auch, dass er dadurch freie Sicht auf den Zielstrich hatte, der kurz vor den berühmten Bos van Wallers von Paris-Roubaix lag, und denken würde: Jetzt muss ich meinen Sprint lancieren. Danach blieb mir nur die Hoffnung, dass ich noch die Beine hatte, um an ihm vorbeizukommen und es zu Ende zu fahren.

Beim Amstel Gold Race 2019 war ich auf dem letzten Kilometer in einer ähnlichen Situation gewesen. Auch damals lutschte ich am Hinterrad eines Niederländers, nämlich Mathieu van der Poel. Ich habe die gleiche Taktik angewandt, aber es hat an diesem Tag nicht funktioniert, haha. Denn van der Poel war *unfassbar* stark. Ein paar Kilometer zuvor hatte er die Gruppe, in der ich fuhr, überholt und sich mit uns im Schlepptau bis fast an die Spitze des Rennens gesetzt, ohne sich umzusehen. Bis dahin dachte ich, dass ich um den sechsten Platz mitfahren würde, aber dank ihm war ich plötzlich in einer ganz neuen Situation: Ich durfte mir Hoffnungen auf den Sieg machen. Van der Poel ging es nur um den Sieg, er hat alle kaputtgefahren, aber auf der letzten Geraden musste er noch die Lücke zu den Führenden Julian Alaphilippe, Jakob Fuglsang und Michal Kwiatkowski schließen, die direkt vor uns lagen. Ich wusste: Er wird zu einem sehr langen Sprint ansetzen müssen, hoffentlich etwas zu lang, sodass ich ihn noch überholen kann. Bei jedem anderen Fahrer auf der Welt hätte die Taktik wahrscheinlich geklappt, aber nicht bei Mathieu. Ich hatte bis dahin noch niemals jemanden gesehen, der in der Lage ist, so einen Sprint zu fahren. Einfach unglaublich! Ich fand es cool, das miterlebt zu haben, und enttäuscht war ich auch nicht. Ohne van der Poel hätte ich niemals das Podium erklommen, sondern wäre Sechster oder Siebter geworden. Es fühlte sich an diesem Tag an, als hätte ich gewonnen, obwohl ich als Zweiter über die Ziellinie gefahren bin.

Als Taco anfing zu sprinten, waren es noch etwas mehr als 300 Meter. Ich ging für ein paar Pedalumdrehungen aus dem Sattel, bis ich an seinem Hinterrad war, dann setzte ich mich wieder, merkte aber, dass ich einen Krampf bekam. Ich versuchte, so viel Energie wie möglich zu sparen, denn auf den letzten 50 Metern würde ich aus dem Sattel gehen und richtig sprinten müssen – oder es zumindest versuchen. Wenn ich es schaffte, mir die letzten Körner noch ein wenig aufzusparen, dann könnte ich sie auf den letzten Metern reinhauen. Ich dachte wirklich: nur ein bisschen mehr, nur ein bisschen mehr …

Kurz vor dem Ziel ging ich dann aus dem Sattel, und mir war klar, dass der Abstand zwischen uns sehr gering sein würde. Der Plan war, mein Rad kurz vor dem Zielstrich mittels Tigersprung so weit wie möglich nach vorne zu schwingen. Es gibt ein Foto von diesem Moment, das von der Seite aufgenommen wurde. Darauf kann man sehen, wie ich dabei den Kopf ganz weit nach unten drücke, sodass ich mit dem Mund die Sattelspitze berühre. Ich hatte also keine Ahnung, ob ich gewonnen hatte. Ich wusste, dass ich schneller war als Taco, aber darauf konnte ich nichts geben.

‚Hast du gewonnen? Hast du gewonnen?', fragte einer der Betreuer im Zielbereich. ‚Nein, ich glaube nicht', antwortete ich. Ich sagte mir, dass ich wahrscheinlich Zweiter geworden war, auch, um mich vor Enttäuschung zu schützen. Obwohl ich wusste, dass es ein sehr knappes Fotofinish war, das noch geprüft werden musste. Während ich auf das Ergebnis wartete, setzte ich mich auf den Boden. Dann stellte sich heraus, dass ich doch der Schnellste gewesen war. *Zeig mir den Beweis,* dachte ich sofort, *denn ich kann es immer noch nicht glauben.* Normalerweise weine ich nach einem Rennen nicht, aber in diesem Fall kamen mir die Tränen. Auch wegen all dem, was im vergangenen Winter passiert war. Seit ich mit dem Radsport begonnen habe, hatte ich den Traum, einmal eine Tour-Etappe zu gewinnen. Im Laufe der Jahre nahmen die Chancen stetig ab, und als ich dann schon nicht mehr damit gerechnet habe, ist es tatsächlich noch wahr geworden.

Ende des Jahres 2021 saß ich arbeitslos zu Hause. Mein Team Qhubeka-Assos existierte nicht mehr, und ich hatte keine neue Mannschaft für die kommende Saison gefunden. Ich war ein 35 Jahre alter Fahrer, der das Gefühl hatte, noch auf höchstem Niveau mitfahren zu können. Wäre ich jetzt nicht mehr gut gefahren, hätte ich mich mit dem Aufhören abgefunden. Aber ich hatte das Gefühl, dass ich noch Leistung bringen konnte und noch nicht für ein Dasein als pensionierter Radsportprofi bereit war. So etwas kann man den Teams allerdings lange erzählen, sie glauben es erst, wenn sie es sehen. Ich habe mich auf eine Art Solo-Mission begeben, um nicht nur anderen, sondern auch mir selbst zu beweisen, dass ich immer noch ein Wettkämpfer war, der in die WorldTour gehörte. Ich hatte das Glück, auf zwei Menschen zurückgreifen zu können, mit denen ich seit Jahren zusammenarbeite: meinen Trainer Michele Bartoli und meine eigene Ernährungsberaterin Laura Martinelli. Ich habe zu ihnen gesagt: ‚Leute, ich brauche euch jetzt mehr denn je.‘ Im Radsport ist es manchmal etwas schwierig, weil die Mannschaft, für die man fährt, eigene Trainer beschäftigt. Aber ich habe immer mit meinen eigenen Trainern gearbeitet und sie selbst bezahlt. In den ersten zwölf Jahren meiner Karriere hatte ich einen australischen Trainer, und seit 2018 arbeitete ich mit Michele zusammen.

Laura und er haben gesehen, wie motiviert ich war, und wir haben das fortgesetzt, was wir immer gemacht haben. Auch wenn ich kein Team hatte, änderte das nichts an meiner Vorbereitung auf 2022. Ich habe mir nicht einmal Gedanken darüber gemacht, ob ich im Februar Rennen fahren kann. Alles drehte sich darum, wie sich meine Trainingseinheiten im November und Dezember 2021 gestalteten. Ich habe Michele vertraut und mich an den Plan gehalten, den er aufgestellt hatte. Okay, hier und da habe ich mal ein bisschen mehr gemacht, vielleicht fünf Prozent.

Ich ging zurück nach Australien, in den Bundesstaat Victoria, wo mein Vater lebt. 30 Kilometer von seinem Haus entfernt gibt es ein Trainingsrevier mit vielen langen Anstiegen von 20 bis 25 Kilometern. Ich bin die gleichen Touren gefahren wie vorher, jetzt kamen aber noch die Kilometer oben drauf, die es vom Haus meines Vaters bis zu den Anstiegen waren. Es war nicht so, dass ich absichtlich sieben Stunden pedalieren wollte, aber weil ich mir eine bestimmte Runde vorgenommen hatte, wurden es oft lange Tage im Sattel. Zwar habe ich keine ganz krassen Sachen gemacht, aber ich habe viele Stunden investiert.

Ich hatte mir etwas vorgenommen: Wenn sich ein interessiertes Team meldete, wollte ich dafür sorgen, dass ich beim erstbesten Rennen besser in Form war als die Konkurrenz. Ich musste sofort da sein! Im Januar 2022 unterzeichnete ich dann einen Einjahresvertrag bei Israel-Premier Tech und gab dem Team Einblick in meine Trainingsdaten. Der Performance Director analysierte mein Winter-Trainingspensum der letzten zehn Jahre, und siehe da, ich hatte in den letzten zwei Monaten mehr Stunden und mehr Kilometer abgespult als jemals zuvor im gleichen Zeitraum.

Wie meine früheren Mannschaften ließ mir auch Israel-Premier Tech den Freiraum, um mit Michele und Laura weiterzuarbeiten. Dafür werde ich dem Team ewig dankbar sein. Diese beiden Menschen haben mich gerettet, ohne sie hätte ich es niemals geschafft, hätte niemals diese Etappe bei der Tour gewonnen. Nach diesem Sieg ist mir eine große Last von den Schultern gefallen. Aber es war auch eine große Genugtuung und Freude dabei. Gegenüber meinem Team, aber noch mehr gegenüber Michele und Laura.

Ich war glücklich, dass ich gewonnen hatte, aber Taco tat mir hinterher sehr leid. Er lebt seit ein paar Jahren in Andorra, genau wie ich. Wir wohnen fünf Kilometer voneinander entfernt und trainieren manchmal zusammen. Er ist ein sehr netter Kerl. Wir haben zwar jeder unseren eigenen Stil, aber wir suchen beide unser Heil in Ausreißergruppen. Vor der Tour hatten wir nie über die Kopfsteinpflasteretappe gesprochen, und erst später habe ich erfahren, dass Taco sich seit Monaten darauf vorbereitet hatte. Ich sah diesen Tag lediglich als Chance, angesichts dessen, was ich mir am Vorabend der Etappe ausgemalt hatte. Ich hätte mich über jeden anderen Sieg bei der Tour ebenso gefreut, aber Taco hatte wirklich alles speziell auf diese eine Etappe ausgerichtet. Er ist von Anfang bis Ende mit einem Plan gefahren. Das ist ein weiterer Grund, warum ich mit ihm mitfühlen konnte. Später im Jahr haben wir noch ein paar Mal zusammen in Andorra trainiert, und ich habe ihm den Kaffee bei unseren Pausen liebend gern spendiert. Es war ja nicht so, dass wir bei der Tour gegeneinander gefahren wären. Wir sind jeder unser eigenes Rennen gefahren und wollten beide als Erste über den Zielstrich. Zu seinem Leidwesen war ich um den Bruchteil einer Sekunde schneller.

Es hängt von der Person ab, ob man durch so ein Ereignis enger zusammenrückt. Bei Taco habe ich das Gefühl, dass unsere Freundschaft noch gewachsen ist, weil wir beide Teil einer besonderen Erfahrung waren. Obwohl ich nicht weiß, ob bei ihm jedes Mal, wenn er mich sieht, schlechte Erinnerungen hochkommen. Auf jeden Fall bemühe ich mich, die Etappe nicht allzu oft zu erwähnen, hehe!

Der Sieg in Arenberg hatte einen großen Einfluss auf meine Zukunft. Als ich Anfang 2022 für eine Saison bei Israel-Premier Tech unterschrieb, dachte ich: Okay, meine Karriere ist wieder halbwegs auf Kurs, aber mein Ziel muss es sein, noch mal einen anständigen Vertrag zu bekommen. Der Kontrakt, den ich unterzeichnet hatte, war vom Gehalt her an der unteren Grenze dessen angesiedelt, was ich in meiner gesamten Karriere bekommen hatte. Wobei die Mannschaft mir ja nicht mehr als das Mindestsalär hätte zahlen müssen, sondern auch hätte sagen können: Friss oder stirb. Es war mehr als das, was ich natürlich zu schätzen wusste, aber ich hatte doch das Gefühl, dass ich mich etwas unter Wert verkauft hatte. Das ist ein weiterer Grund, warum ich so motiviert war, gute Leistungen zu bringen. An einem der Ruhetage bei der Tour einigten wir uns dann darauf, meinen Vertrag um zwei Jahre zu verlängern, und zwar mit einem Gehalt, das meinem Marktwert entsprach. Jetzt hatte ich meine Karriere wirklich wieder im Griff. Ich war wieder voll da."

christophe laporte

DER ENTFESSELTE DOMESTIKE

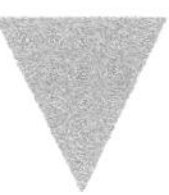

Christophe Laporte schaute über seine Schulter. Es war nicht mehr als ein kurzer Check, um zu sehen, ob sein Teamkollege und Kapitän Jonas Vingegaard an seinem Hinterrad war. Die 19. Etappe der Tour de France 2022 war in vollem Gange.

Mit 600 Kilometern war Paris zwar geografisch noch weit weg, aber gleichzeitig auch schon unheimlich nah. In etwas mehr als 48 Stunden würde das Peloton über die Champs-Elysées fahren, und die Mission war fast erfüllt. Jetzt hieß es aufpassen, denn der Gesamtsieg, das große Ziel von Jumbo-Visma, war in Reichweite.

Es war die letzte wirklich ernst zu nehmende Etappe, morgen stand ein Einzelzeitfahren auf dem Programm. Danach war der Kampf um die Gesamtwertung entschieden, was dann noch blieb, war die „Champagner-Parade“ und der traditionelle Schlusssprint auf der Prachtstraße in der französischen Hauptstadt. Es galt also, das hektische Finale noch einmal hoch konzentriert zu überstehen und Vingegaard sicher auf die letzten drei Kilometer bis vor dem Ziel zu geleiten: Ab da musste der dänische Gesamtführende keinen Zeitverlust mehr befürchten, falls er unerwartet einen Platten bekommen oder das Pech haben sollte, in einen Sturz verwickelt zu werden. Der Vorsprung auf den Titelverteidiger Tadej Pogačar, den aktuell

Zweitplatzierten, lag bei komfortablen dreieinhalb Minuten. Der Tour-Sieg war ihnen kaum noch zu nehmen. Aber das hatten sie bei Jumbo-Visma zwei Jahre zuvor auch geglaubt, als Primož Roglič am vorletzten Tag in Gelb in das abschließende Zeitfahren ging. Auf der Planche des Belles Filles schmolz sein Vorsprung auf eben jenen Pogačar, der wie entfesselt fuhr, wie Schnee in der Sonne. Der junge Emporkömmling hatte im letzten Moment einen sensationellen Coup gelandet und dem niederländischen Team einen schrecklichen Kater beschert.

Dieses Trauma war allen noch frisch im Gedächtnis, und so herrschte vor der vorletzten Etappe von Castelnau-Magnoac nach Cahors trotz des großen Vorsprungs keine Jubelstimmung. Bei der Besprechung im Mannschaftsbus mahnte auch der Sportliche Leiter Grischa Niermann, den Fokus unbedingt hochzuhalten. Jumbo-Visma hatte in den vergangenen drei Wochen zahlreiche taktische Finessen ausgearbeitet und umgesetzt; Ziel war es unter anderem gewesen, Etappen zu gewinnen, was bereits viermal gelungen war. Aber das war heute sekundär, alle Aufmerksamkeit galt Vingegaard und dem Ziel, ihn mitsamt Gelbem Trikot sicher über die Ziellinie zu bringen. Die Etappenankunft war wie geschaffen für Wout van Aert, doch der Belgier mit bereits zwei Etappensiegen auf seinem Konto und dem nicht mehr zu nehmenden Grünen Trikot war sich unsicher, ob er in die Entscheidung eingreifen sollte. Vielleicht war es besser, die Kräfte für das morgige Zeitfahren zu sparen, bei dem er noch einmal auftrumpfen wollte. Je nachdem, wie er sich fühlte, würde er unterwegs den Schalter umlegen und dies seinen Teamkollegen und der Sportlichen Leitung mitteilen. Laporte hörte van Aerts Worten aufmerksam zu, während er auf den Fernseher schaute, der vorne oberhalb des Gangs im Bus angebracht war. Auf dem Bildschirm waren Karten und Streetview-Fotos von der Schlussphase der heutigen Etappe zu sehen. Als er am Abend zuvor in seinem Hotelzimmer wie üblich das Streckenbuch aufgeschlagen hatte, um einen Blick auf das Profil des 19. Teilstücks zu werfen, hatte er auch gesehen, dass der leicht ansteigende letzte Kilometer eigentlich eine Ankunft für ihn war. Bei seinem früheren Team Cofidis hätte er sich zu 100 Prozent sicher sein können, auf Etappensieg fahren zu dürfen. Jetzt war es anders. Er war von Jumbo-Visma für die Tour de France nominiert worden, um die drei Kapitäne – Vingegaard, Roglič und van Aert – jederzeit zu unterstützen. Und das hatte er mit Verve und Hingabe getan.

„Ich bin die Tour anders angegangen als in den vergangenen Jahren bei Cofidis“, so Laporte. „Als französisches Team war es immer unser Ziel, eine Etappe zu gewinnen. Jetzt, mit Jumbo, war das Ziel viel größer. Mit Jonas und Primož hatten wir zwei Favoriten auf Gelb, Wout wollte Grün. Da hatte ich als Domestike jeden Tag viel zu tun. Auf Flachetappen musste ich die Führenden aus dem Wind halten und Wout sowohl bei Zwischen- als auch Massensprints im Ziel als Anfahrer helfen. Ich war immer konzentriert und jederzeit bereit, für das Team zu kämpfen.“

So war es auch später am Tag, als das Finale der 19. Etappe in vollem Gange war, die letzten Ausreißer eingeholt wurden und sich auf dem hügeligen Terrain bei Cahors eine neue Angriffsmöglichkeit auftat. Das Peloton war stark ausgedünnt, und Laporte sorgte zusammen mit van Aert dafür, dass Vingegaard nichts mehr passieren konnte. Er freute sich auf den Bogen, der die letzten drei Kilometer markierte: Für ihren Kapitän lag dort die imaginäre Ziellinie. Nur noch ein wenig durchhalten, dann waren sie da.

Vier Monate zuvor. Christophe Laporte blickte zurück. Wout van Aert und Primož Roglič klebten wie geplant an seinem Hinterrad. Dahinter sah er nur taumelnde Konkurrenten mit schmerzverzerrten Gesichtern, die verzweifelt versuchten, den Anschluss zu halten. Mit dem gesamten Team hatte Jumbo-Visma gerade einen Ausreißversuch hin zum Fuß des Côte de Breuil-Bois-Robert unternommen, dem letzten Anstieg der ersten Etappe von Paris-Nizza. Aufgrund des hohen Tempos und der engen Straße zog sich das Peloton in die Länge, und die konkurrierenden Teams mit ihren Klassementfahrern und Sprintern wurden völlig überrumpelt. Nach einem brutalen Antritt von Teamkollege Nathan van Hooydonck hatte sich Laporte gut 900 Meter vor dem Gipfel an die Spitze gesetzt und drückte noch mal aufs Tempo. Nur van Aert, Roglič und Zdeněk Štybar konnten ihm folgen, alle anderen mussten abreißen lassen. Als der Belgier kurz darauf die Führung übernahm, war auch für Štybar Schicht. Trotz seiner geleisteten Führungsarbeit hatte Laporte noch die Beine, um den Tschechen zu überholen und sich dranzuhängen, sodass die Jumbo-Fahrer als Trio über die Kuppe schossen. Die letzten knapp sechs Kilometer wurden zu einem kleinen Mannschaftszeitfahren bis zum Ziel in Mantes-la-Ville. Van Aert und Roglič gönnten ihrem neuen Teamkollegen den Sieg, und sie überquerten die Ziellinie jubelnd wie die drei Musketiere.

Laporte konnte sein Glück kaum fassen. Der 28-jährige Franzose, der 2014 Profi bei Cofidis geworden war, hatte bereits 21 Profisiege errungen, aber dies war sein erster Triumph auf WorldTour-Ebene. Und das an seinem erst zweiten Renntag im Jahr 2022. Zuvor hatte er um diese Jahreszeit schon viel mehr Rennkilometer gesammelt, wie beispielsweise auf dem *Étoile de Bessèges* (dt. Stern von Bessèges), normalerweise ein Pflichttermin Anfang Februar. Jetzt hatte er fast den ganzen Monat auf einer Vulkaninsel verbracht und, statt Rennen zu fahren, ein Höhentrainingslager auf Teneriffa absolviert, um sich zusammen mit van Aert und den anderen Domestiken auf die flämischen Klassiker im April vorzubereiten. Das war einer der Gründe, warum er nach acht Jahren bei Cofidis die Koffer gepackt und sich für Jumbo-Visma entschieden hatte. Viele gute französische Fahrer haben die Angewohnheit, ihre gesamte Karriere für Teams aus ihrem Land zu fahren – auch weil die Verträge gut dotiert sind –, aber dieses Angebot eines absoluten Spitzenteams konnte Laporte nicht ausschlagen. Es war die perfekte Gelegenheit, auf dem Höhepunkt seiner Körperkräfte und seiner bisherigen Karriere herauszufinden, ob er sich innerhalb des professionellen Rahmens der niederländischen Equipe zu einem noch besseren Fahrer entwickeln konnte.

Seine Rolle war glasklar: Laporte wurde als Edelhelfer für van Aert rekrutiert, der bei der Flandern-Rundfahrt und Paris-Roubaix mehr Unterstützung im Finale brauchte. Der Belgier war der alles überragende Kapitän, für den er alles geben musste, wenn es darauf ankam. Aber natürlich könnte sich bei den manchmal unberechenbaren Klassikern auch eine Situation ergeben, in der Laporte für sich selbst fahren könne – so das Bild, das ihm von der Sportlichen Leitung gezeichnet wurde. Vorausgesetzt natürlich, er war gut genug. Sein Etappensieg bei Paris-Nizza war die Bestätigung, dass er die richtige Wahl getroffen hatte. „Ich hatte zwei Träume: einen großen Klassiker zu gewinnen und eine Etappe der Frankreichrundfahrt. Gerade Letzteres ist für französische Fahrer etwas ganz Besonderes. Bei früheren Tour-Teilnahmen war ich zweimal Zweiter geworden. Seitdem wusste ich zwar, dass es möglich war, aber ich hatte es noch nicht geschafft. Ich hatte noch mal einen extra Schub nötig, deshalb habe ich mich für Jumbo-Visma entschieden."

Drei Monate zuvor. Christophe Laporte dreht sich um und blickt direkt in das strahlende Gesicht von Wout van Aert. Auf dem Stasegemsesteenweg in Harelbeke setzen sie sich aufrecht hin und legen jeweils einen Arm um die Schulter des anderen. Die beiden Teamkollegen haben sich gerade zu zweit ein 42 Kilometer langes Zeitfahren „aus den Beinen geschüttelt". Als van Aert im Finale des E3 Saxo Classic aus dem Rinnstein vom Paterberg zum großen Angriff ansetzt, ist Laporte der Einzige, der mit van Aerts brutalem Tempo mithalten kann. Am Gipfel des Anstiegs beträgt ihr Vorsprung sechs Sekunden. Knapp eine Stunde später, in der sie sich ununterbrochen im Wind abwechseln, ist der Vorsprung im Ziel auf mehr als anderthalb Minuten angewachsen. Van Aert und Laporte haben die Konkurrenz hinter sich gelassen. Nach dem Geschenk einige Wochen zuvor bei Paris-Nizza gab es keinen Zweifel daran, wer dieses Mal gewinnen würde: Dieser fette Happen ging an den Kapitän aus Flandern.

Der Zweitplatzierte Laporte konnte sein Glück kaum fassen. Es war sein erster Podiumsplatz beim E3 und das zweite Mal in seiner Karriere, dass er bei einem Kopfsteinpflasterklassiker unter die Top Drei kam. Der Unterschied zum ersten Mal, als er 2021 bei *Dwars door Vlaanderen* (dt. in etwa *Kreuz und quer durch Flandern*) Zweiter wurde, bestand jedoch darin, dass er dort den Sprint eines 50-köpfigen Verfolgerfeldes gewann. Bei der Ausgabe 2023 schlug dann endgültig die Stunde von Laporte, als er diesen Klassiker für sich entscheiden konnte.

Seine letzten Ergebnisse noch in Diensten von Cofidis waren gut gewesen, aber jetzt hatte er den nächsten Schritt in seiner Entwicklung gemacht und war noch besser geworden. Neue Trainingsmethoden, die Höhentrainingslager, das Material, die noch ausgewogenere Ernährung: All das zahlte sich für den Franzosen recht schnell aus.

Drei Wochen zuvor. Christophe Laporte warf einen flüchtigen Blick über seine rechte Schulter und sah einen grünen Blitz hinter sich: Van Aert war ihm dicht auf den Fersen. Es war die zweite Tour-Etappe nach Nyborg, und der Sprint näherte sich dem Höhepunkt. Nur noch wenige Sekunden, dann würden die schnellen Männer aus dem Sattel gehen und noch einmal das Letzte aus sich herausholen. Für einen korrekten *lead-out* waren es nicht mehr genug Meter bis zum Zielstrich, aber er hatte den Belgier in eine hervorragende Position für den Sprint gebracht und seine Arbeit getan.

Ein paar Tage später lief es nicht so gut für Jumbo-Visma. Als Laporte aus einem Kreisverkehr kam, konnte er gerade noch einem Heuballen ausweichen, den ein vorausfahrendes Motorrad auf die Straße geschleudert hatte. Roglič, der direkt hinter ihm fuhr, hatte weniger Glück, der Pechvogel stürzte schwer und kugelte sich dabei die Schulter aus. Auf der Kopfsteinpflasteretappe nach Wallers-Arenberg herrschte ohnehin Chaos für die niederländische Equipe. Van Aert war ebenfalls gestürzt, und Vingegaard war aufgrund von Materialproblemen zurückgefallen. Während der Rest des Teams die Verfolgung aufnahm, hatte Laporte seinen Kapitän ins Schlepptau genommen. Lange Zeit hatten sie sich aus allen Kalamitäten herausgehalten, doch nun sollte Laporte Roglič zurücklassen und sich zusammen mit Vingegaard der Verfolgergruppe anschließen, um gemeinsam mit van Aert das Loch auf Pogačar zuzufahren. Der Slowene griff an, um sich einen entscheidenden Vorsprung in der Gesamtwertung zu verschaffen. Dank der Anstrengungen ihrer beiden Kopfsteinpflasterspezialisten gelang es Jumbo-Visma, den Schaden für Vingegaard zu begrenzen. Der Däne verlor schließlich nur 14 Sekunden auf Pogačar. Anstatt dem Slowenen einen Aufwärtshaken zu verpassen, hatte die niederländische Formation selbst einen Schwinger einstecken müssen. Die Tour war noch lange nicht verloren, aber danach hatte es für eine Weile fast ausgesehen.

Neun Tage zuvor. Christophe Laporte blickte zum x-ten Mal hinter sich und erkannte, dass der Zeitpunkt gekommen war, um richtig in die Pedale zu treten. Primož Roglič kam von hinten und holte blitzschnell auf, an seinem Hinterrad klebten Pogačar, der Co-Kapitän Vingegaard und der Brite Geraint Thomas. Dahinter folgten die anderen Klassementfahrer und ihre verbliebenen Helfer, doch schon mit etwas Abstand. Dies war der Moment, erkannte Laporte. Zwei Monate zuvor war beim Höhentrainingslager in der Sierra Nevada ein Plan für diese elfte Etappe geschmiedet worden, eine knüppelharte Bergetappe mit drei schweren Anstiegen. Laut Sportlicher Leitung bot sich hier die Gelegenheit, um Zeit auf Pogačar gutzumachen. Doch der Plan konnte nur gelingen, wenn die gesamte Mannschaft ihre Stärken ausspielte und einen konzertierten Angriff startete. Zusammen mit van Aert hatte sich Laporte gleich zu Beginn in einer der Ausreißergruppen festsetzen können. Am Col du Télégraphe, dem ersten Anstieg des Tages, musste Laporte abreißen lassen und in seinem eigenen Tempo weiterfahren. Nachdem er die Passhöhe passiert hatte, kam die Order aus dem Begleitfahrzeug: Er sollte warten, direkt zu Beginn der Abfahrt hinter der ersten Kurve – zur Not solle er sogar anhalten, wurde ihm über Funk mitgeteilt. Es war so weit. Hier und nirgendwo sonst musste er bereitstehen, denn Roglič wollte angreifen. Das war die erste Phase eines Masterplans, um Pogačar in die Falle zu locken. Der Slowene musste isoliert werden, damit die beiden Jumbo-Kapitäne am nächsten Anstieg, dem Col du Galibier, abwechselnd angreifen und ihn zermürben konnten. Und damit das gelingen konnte, wollten sie in der Abfahrt ein Loch reißen, wobei es an Laporte lag, dieses Loch herauszufahren. Mit den vier Klassementfahrern am Hinterrad jagte er den Berg hinunter. Auf dem kurzen Teilstück zum Galibier gab der Domestike alles und konnte den Vorsprung auf die Verfolger ausbauen, zu denen mehrere Helfer von Pogačar gehörten. Dann war seine Arbeit getan, und Phase zwei trat in Kraft: Beide Kapitäne griffen Pogačar abwechselnd an, sodass der Slowene am Col du Granon keine Körner mehr übrig hatte. Vingegaard drückte der Tour seinen Stempel auf, holte sich den Etappensieg und auch das Maillot Jaune.

„Früher musste ich bei Bergetappen nur darauf achten, dass ich innerhalb des Zeitlimits über die Ziellinie rollte. Jetzt war es ganz anders. Wir hatten jeden Tag einen Matchplan, und deshalb hatte ich auch jeden Tag eine Aufgabe zu erfüllen. Es war ein großartiger Moment, als ich mich bei der Abfahrt vom Télégraphe plötzlich unter den Klassementfahrern wiederfand. Einer der vielen Momente dieser Tour, die mir Genugtuung verschafften. Vor allem, als ich später über Funk hörte, dass Jonas gewonnen hatte. Ich war superhappy, wir hatten als Team einen großen Schritt in Richtung Toursieg gemacht."

Da war der Bogen, der die letzten drei Kilometer ankündigte. Christophe Laporte schaute nicht mehr zurück, das war nicht mehr nötig, denn von nun an konnte er seinen Blick ganz nach vorne richten. Bis kurz zuvor war van Aert noch an seiner Seite gewesen. In den letzten sechs Monaten hatten sie sich zu einer eingeschworenen Gemeinschaft entwickelt und waren Freunde geworden. Der Träger des Grünen Trikots hatte Laporte mitgeteilt, dass er heute freie Fahrt hätte. „Wout ließ mich wissen, dass er bei Jonas bleiben würde. Ich wusste, dass er diesen Job perfekt machen würde, also musste ich mir darum keinen Kopf machen. Von diesem Moment an war ich frei, mein Ding durchzuziehen, und ich legte den Schalter um. Ich war bei der Tour, um dem Team zu helfen, aber ich hatte mir schon die ganze Zeit über ausgemalt, dass sich in der dritten Woche eine Chance für mich ergeben könnte, wenn alles gut lief, was unsere übergeordneten Ziele betraf. Das hatte zwar keine Priorität, aber der Gedanke war in meinem Kopf, und schließlich wollte ich auch bereit sein, wenn sich die Gelegenheit ergab."

Der Sportliche Leiter Niermann wies Laporte über Funk an, sich auf einen Massensprint einzurichten. Doch damit stieß er beim Franzosen nun auf taube Ohren. Laporte hatte sich bereits von einem treuen Labrador in einen Bluthund verwandelt, der selbst auf Beute aus war. Sein Renninstinkt gewann die Oberhand.

Nachdem er die Zwei-Kilometer-Marke passiert hatte, folgte eine leichte Linkskurve. Laporte fuhr an der Spitze des Feldes und nahm die Kehre so scharf, dass sich zwischen ihm und dem nachfolgenden Fahrer eine Lücke auftat. Dann kamen die drei Führenden Jasper Stuyven, Fred Wright und Alexis Gougeard in Sicht, etwa 80 Meter voraus. Laporte schaute unter seiner Achsel nach hinten und stellte fest, dass sich niemand in seinem Windschatten befand. Ohne nachzudenken, trat er in die Pedale und näherte sich schnaufend dem Trio vor ihm. Noch einmal der Blick zurück, aber nicht, um zu gucken, wo Vingegaard und van Aert waren, sondern um schnell den Abstand zum Peloton zu überschlagen.

Anstatt durchzuziehen und die drei Führenden zu überholen, beschloss er, erst mal am Hinterrad des Letzten zu verharren. „Zwar bin ich damit ein Risiko eingegangen, aber mit noch etwas mehr als einem Kilometer bis zum Ziel war es noch zu früh, um den Sprint anzuziehen. Der Vorsprung war nicht sehr groß, und ich weiß ja, dass das Feld am Ende immer rasend schnell näherkommt. Ich konnte aber ohnehin nicht mehr lange warten, sonst hätte ich es sowieso nicht geschafft."

Wright setzte sich derweil an die Spitze der Gruppe, was Laporte sehr gelegen kam. Gougeard war unterdessen abgetaucht und versteckte sich auf dem letzten Kilometer hinter Stuyven, der mit letzter Kraft wieder zu Wright aufschloss. In diesem Moment, 500 Meter vor dem Ziel, ging Laporte aus dem Sattel und begann zu sprinten. „Auf den letzten 100 Metern ging es leicht bergauf, so ein Finish liegt mir immer. Ich mag längere Sprints. Das kam mir jetzt entgegen, ich musste nur rechtzeitig beginnen."

Nach der ersten heftigen Attacke fuhr Laporte bis etwa 200 Meter vor dem Ziel wieder sitzend, bevor er erneut aus dem Sattel ging und die letzten Meter in Angriff nahm. Dann schaute er sich noch einmal kurz um. „Bis dahin hatte ich mich ganz auf mich konzentriert, auf den Sprint. Plötzlich wurde mir klar, dass ich gewinnen würde, und alle möglichen Dinge schossen mir durch den Kopf. Vor allem eine Menge Emotionen. Ich dachte an meine Familie zu Hause und an all die Opfer, die ich gebracht hatte. In diesem Jahr war ich häufiger als sonst für Trainingslager, Höhentraining und Rennen von zu Hause weg. Alles diente den großen Zielen der Mannschaft, aber die ganze Schinderei hatte nun auch dazu beigetragen, dass ich selbst einen Sieg errungen hatte.

Das Lustige war, dass es sich nach der Zielankunft nicht nur für mich, sondern auch für die restliche Mannschaft anders anfühlte. Bei den vier vorangegangenen Etappensiegen hatten wir uns im Vorfeld vorgenommen, tatsächlich um den Sieg zu fahren. Bei einigen Etappen, wie Wouts Sieg in Calais und Jonas' auf dem Granon, war das schon beim Höhentraining im Mai Thema gewesen. Jeder Etappensieg war das Ergebnis eines klar formulierten Ziels, nur meiner nicht. Er kam wirklich für alle überraschend."

Zwei Tage später stand er auf dem Podium auf den Champs-Elysées, neben Tour-Sieger Jonas Vingegaard, dem „Vielfraß"

Wout van Aert in Grün, seinen Kollegen Tiesj Benoot, Sepp Kuss und Steven Kruijswijk und den anderen Teammitgliedern von Jumbo-Visma. Er blickte sich um, saugte alles in sich auf. Als erster Franzose seit 2011 hatte er es geschafft, Teil der siegreichen Equipe zu sein – und dazu noch als Etappensieger. Letzteres war vor allem für das heimische Publikum und die Medien wichtig. Lange Zeit hatte es so ausgesehen, als würde diese Ausgabe der Frankreichrundfahrt ohne einen französischen Etappensieger auskommen müssen, eine Schande, die er mit seinem Husarenritt in Cahors höchstpersönlich verhindert hatte.

„Es war schwer zu glauben, was alles passiert war. Nicht so sehr mein Sieg, sondern vor allem das, was wir als Team erreicht hatten. Neben dem Gelben und dem Grünen Trikot hatten wir auch das Gepunktete Trikot des besten Bergfahrers und dazu sechs Etappen gewonnen!"

Nach all den Feierlichkeiten war es an der Zeit, sich auszuruhen und etwas Zeit mit Familie und Freunden zu verbringen, zu Hause in La Seyne-sur-Mer. Wenn Laporte früher von einem Unbekannten gefragt wurde, was er beruflich mache, folgte auf seine Antwort, dass er Radprofi sei, immer gleich die Frage, ob er schon einmal an der Tour teilgenommen habe. Aber im Anschluss an die Tour im Sommer 2022 wurden ihm solche Fragen nicht mehr gestellt, im Gegenteil, er wurde deutlich häufiger erkannt, vor allem in seiner Heimatstadt und im Trikot von Jumbo-Visma. „Aber es kam auch vor, wenn ich auf der Straße mit meiner Frau unterwegs war. Wildfremde Leute traten auf mich zu und bedankten sich für meinen Sieg. Damit, so sagten sie, hätte ich die Ehre der Grande Nation gerettet. Für mich selbst war es nicht so wichtig, dass ich als einziger Franzose in dem Jahr eine Etappe gewonnen habe, aber für die Fans war es das natürlich schon. Mir hat besonders gefallen, dass ich sie und meine Familie stolz und glücklich machen konnte. Und dass ich es geschafft hatte, mir einen meiner größten Träume zu erfüllen."

fabio jakobsen

ERFOLGREICHE KARRIERE

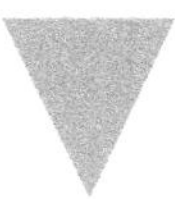

Auf einem verlassenen Flughafen sausen acht Fahrer von Quick Step-Alpha Vinyl über das Rollfeld. Es ist Ende Juni 2022, ein paar Tage vor dem Start der Tour de France, die in diesem Jahr mit drei Etappen in Dänemark beginnt. Der Prolog ist ein Einzelzeitfahren durch die Hauptstadt Kopenhagen, und so haben sich die Fahrer der belgischen Equipe auf ihre Zeitfahrmaschinen geschwungen. Alle bis auf einen. Fabio Jakobsen fährt auf seinem normalen Rennrad, für ihn ist ein abschließendes Sprinttraining vorgesehen. Anders als bei den meisten seiner Teamkollegen ist sein Fokus bereits auf die zweite Etappe am kommenden Samstag gerichtet, die erste, sehr wichtige Sprintwertung der Frankreichrundfahrt. Jakobsen klebt am Hinterrad eines Rollers, der vom Schwiegervater seines Teamkollegen Michael Mørkøv gefahren wird. Der Däne ist auch der letzte Anfahrer in Jakobsens Sprintzug. Er hat den Leistungsmesser seines Kapitäns mit seinem eigenen Garmin-Radcomputer verbunden und seinem Schwiegervater gegeben, sodass der auf den ersten Blick sehen kann, wie viel Watt Jakobsen hinter dem Roller tritt. Am Vorabend der Tour soll der Sprinter nicht zu hart in die Pedale treten, abgemacht ist, das Tempo auf 60 Stundenkilometer zu erhöhen, bevor der Niederländer aus dem Wind geht und am Roller vorbeisprintet. Der Senior will allerdings nicht zu weit zurückfallen und gibt ein wenig Gas, was Jakobsen dazu zwingt, einen noch härteren Antritt zu fahren.

Am nächsten Tag trifft Mørkøv im Hotel auf seinen Teamkollegen. Sein Schwiegervater hatte sich nach seiner Rückkehr die Trainingsdaten auf dem Garmin angesehen, und die maximalen Wattzahlen von Jakobsen waren mehr als beeindruckend und deutlich besser als beispielsweise jene Werte, die sein Schwiegersohn normalerweise vorweisen konnte. Für Mørkøv kann das nur eines bedeuten: Jakobsen ist in Topform. Das sieht auch der Gelderländer so. Er fühlt sich schon seit Wochen stark. Wie kein anderer kann er Störendes ausblenden und sich in den richtigen Wettkampfmodus versetzen.

Die gestrige Trainingseinheit ist eine weitere Bestätigung dafür, dass seine Kondition und sein Sprint in Ordnung sind. Er ist bereit für sein Debüt beim größten Radrennen der Welt. Auf diesen Moment hat er sich jahrelang gefreut und extrem hart dafür gearbeitet. Es war ein langer Weg voller Hindernisse, Hürden und Rückschläge, aber der einst sehr ferne Schimmer am Horizont ist nun ganz nah.

Januar 2018. Eine graue Wolkendecke hängt über der Flusslandschaft der Betuwe. Es nieselt unaufhörlich. Im Dorf Heukelum sitzt der 21-jährige Fabio Jakobsen am Küchentisch seines Elternhauses. Ursprünglich sollte er heute während einer Ausfahrt ein Interview für die Zeitschrift *Procycling* geben, aber die Wetterbedingungen lassen das nicht zu. Der Gesundheitszustand des Neuprofis übrigens auch nicht; Jakobsen hat sich gerade von einer Grippe erholt, die ihn kurzzeitig zurückgeworfen hat. Nicht gerade der optimale Moment für einen jungen Fahrer, der in wenigen Wochen bei der Weltelite seine Feuertaufe erleben wird. Bald wird er nicht mehr gegen Gleichaltrige antreten, sondern gegen erwachsene Kerle, die teilweise zehn bis 15 Jahre älter sind als er. Einen Moment lang geriet er in Panik, als es ihn erwischte: Jakobsen hatte sein Frühjahr bereits ad acta gelegt. Aber ein Anruf beim Mannschaftsarzt, der ihm Medikamente gegen die Grippe verschrieb und ihn ermahnte, ruhig zu bleiben, tat seine Wirkung, und er entspannte sich wieder. Es war ein weiterer Beweis dafür, dass er seinen ersten Profivertrag bei einer Spitzenmannschaft unterzeichnet hatte. Als er während des gemeinsamen Trainingslagers das erste Mal das Trikot seines neuen Arbeitgebers überzog, fühlte sich das an, als ob er auf das Mannschaftsfoto des FC Barcelona oder von Real Madrid gedurft hätte.

Jakobsen musste nicht lange überlegen, als er das Angebot erhielt, Profi bei Quick-Step Floors zu werden, seit Jahren eines der renommiertesten Teams im Peloton. Die Mannschaft kann auf eine lange und erfolgreiche Geschichte bei den Frühjahrsklassikern und Rennen mit Sprintankünften zurückblicken, mit großen Namen wie Paolo Bettini, Johan Museeuw, Tom Boonen, Mark Cavendish und Marcel Kittel. Für den schnellen Jakobsen, dem auch das flämische Kopfsteinpflaster liegt, ist es ein perfektes *Match*. Trotz seiner Jugend macht er während des fast eineinhalbstündigen Interviews einen sehr reifen und ausgeglichenen Eindruck. Zum Beispiel, wenn er über die nahe Zukunft spricht. „Ich bin immer noch ein Grünschnabel, einer der jüngsten Fahrer im Team. In den nächsten Jahren kann ich in aller Ruhe herausfinden, wo meine Qualitäten auf Profi-Ebene liegen. Mein Sprint ist gut, und darauf wird der Fokus zunächst liegen. Ich werde auch lernen müssen, wie man sich innerhalb eines Sprintzugs verhält. Ich muss erst einmal Teil eines solchen Sprintzuges sein und Erfahrungen sammeln, bevor ich als letzter Mann aus dem Windschatten gehen kann. Und wenn es mal so weit sein sollte, muss ich zeigen, was meine Beine am Ende eines langen Tages noch hergeben. Das ist das primäre Ziel. Hoffentlich bin ich noch lange nicht an meinem Maximum und kann weiter Fortschritte machen. Wenn alles so klappt, nähere ich mich ganz automatisch den großen Sprintern an."

Sein Leben ist seit einigen Jahren ganz auf den Radsport ausgerichtet, und das nach dem Abi begonnene Studium bricht er ab. Ursprünglich dachte er, es wäre gut, einen Plan B in petto zu haben. Falls er sich mal ein Bein brechen würde, konnte es mit dem Radsport schnell vorbei sein. Aber er merkte bald, dass es nicht funktioniert, beides nur mit halber Kraft anzugehen. Da schien es dann besser, alles auf Plan A zu setzen und zu versuchen, es bis zu den Profis zu schaffen. Mit seinem Wechsel zu Quick-Step Floors hatte er einen großen Schritt in die richtige Richtung gemacht.

Jakobsen spricht mit der für einen Sprinter so typischen Selbstverständlichkeit, ohne dass es auch nur einen Moment lang arrogant klingt, sondern vielmehr selbstbewusst und angenehm selbstsicher. Mit Prahlerei und Protzen, wie es so viele Sprinter gern an den Tag legen, will er nichts zu tun haben. Das hat mit seiner Erziehung und Lebenseinstellung zu tun. „Meine Eltern haben viel Zeit, Energie und Liebe in mich investiert. Und auch Geld. Das kann ich niemals zurückzahlen. Mein Vater arbeitet seit fünfunddreißig Jahren in der Glasfabrik, da fände ich es unanständig, wenn ich mit einem Auto im Wert seines Jahresgehalts zu Hause vorfahren würde. Im Gegenteil: Ich fände es schön, wenn ich irgendwann mal dafür sorgen könnte, dass meine Eltern etwas weniger arbeiten müssten. Oder dass ich meiner Schwester mit einem Laptop für die Schule helfen kann. Das macht mich viel glücklicher als ein dicker Sportwagen unter meinem Hintern."

Trotz dieser eher zurückhaltenden Art ist Jakobsen nicht auf den Mund gefallen, wie ein Großteil der Fernsehzuschauer in den Niederlanden inzwischen weiß. Ein paar Wochen zuvor lief ein Clip von ihm in *De TV Draait Door*, einer bekannten Rubrik in der beliebten Sendung *De Wereld Draait Door* (dt. etwa: Und die Welt dreht sich immer weiter …), von der letztmaligen KNWU-Radsportgala[1]. Jakobsen wurde zum Talent des Jahres gekürt, unter anderem dafür, dass er seinen Titel als Niederländischer Meister aus dem Jahr 2017 verteidigen konnte. Bei der Siegerehrung auf der Bühne stellte er fest, dass

1 A.d.Ü.: Die *Koniglijk Nederlandsche Wielren Unie* oder kurz KNWU ist der niederländische Radsportdachverband und entspricht dem Bund Deutscher Radfahrer (BDR).

auf der Trophäe „Jacobsen“ eingraviert worden war. Dazu stellte er süffisant fest: „Beim nächsten Mal bitte Jakobsen mit k.“

Wenn er an diesen Moment zurückdenkt, kann er ein Lächeln nicht unterdrücken. „Vielleicht hätte ich es nicht sagen sollen, aber dann hätte *De TV Draait Door* es bestimmt nicht aufgegriffen. Ich war schon ein bisschen frech, aber ich denke, das hat auch damit zu tun, dass ich ein Sprinter bin. Wenn du siehst, dass dein Name falsch geschrieben ist ... Nächstes Mal halte ich vielleicht meine Klappe, aber ich gehe auch nicht davon aus, dass sie meinen Namen noch mal falsch schreiben.“

Als er am 1. Juli 2022 um acht Minuten nach halb fünf zu seinen ersten Metern bei der Tour de France antritt, blinkt Fabio Jakobsens Name (mit k!) groß auf dem Bildschirm über dem Startpodest auf. Für das 13,2 Kilometer lange Einzelzeitfahren hat er zwei klare Aufgaben: innerhalb des Zeitlimits bleiben, und heil und ohne Sturz durchkommen. Letzteres ist kein so leichtes Unterfangen, denn in Kopenhagen regnet es heftig, was die nassen Straßen zeitweise rutschig macht. Jakobsen geht unterwegs keine unnötigen Risiken ein, aber auf den Streckenabschnitten, auf denen es geht, tritt er ordentlich rein. Er kommt als 138. ins Ziel und fährt die gleiche Zeit wie Peter Sagan und Oliver Naesen. Alexander Vlasov, einer der Außenseiter im Kampf um das Gesamtklassement, startet eine Minute später und schafft es nicht, Jakobsen einzuholen. Ein weiterer Bonus an diesem Tag, aber nicht der letzte. Zur Überraschung vieler gewinnt sein Teamkollege Yves Lampaert den Prolog und holt sich das erste Gelbe Trikot, was abends im Hotel von Quick Step-Alpha Vinyl (der Co-Sponsor hatte gewechselt) gebührend gefeiert wird. Jakobsen freut sich für „Lampi“, wie der Westflame liebevoll genannt wird. *Da habe ich morgen sogar das Gelbe Trikot in meinem Sprintzug,* denkt der Niederländer. Lampaert ist nach seinem Coup so glücklich, dass er in all der Euphorie zu seinem Sprinter sagt: „Morgen wirst du gewinnen, Fabke!“ Jakobsen ist voller Zuversicht, und dieses Gefühl wurde durch das Ergebnis des Zeitfahrens nur noch verstärkt. Nach viereinhalb Jahren bei Quick-Step weiß er jetzt: Wenn das Team gut ist und ich die gleiche Vorbereitung wie meine Teamkollegen gemacht habe, dann bin ich auch gut. Es gibt also keinerlei Zweifel mehr. Morgen wird es so weit sein.

Januar 2019. Die Fahrstuhltüren im 29. Stock des Suitopia Hotels öffnen sich, und Fabio Jakobsen betritt in aller Ruhe die Skybar. Deceuninck-Quick Step hält seinen jährlichen Medientag im spanischen Calpe ab, und der Niederländer ist der erste Fahrer, der sich zum Gespräch mit den anwesenden Journalisten einfindet. Er ist gut gelaunt und redet ohne Unterlass, auch über seine starke Debütsaison. Nicht weniger als sieben Erfolge hat Jakobsen 2018 vorzuweisen. Im Frühjahr setzte der Neoprofi gleich mal eine Duftmarke, indem er bei Nokere Koerse und dem Scheldeprijs, zwei prominenten Sprintrennen, den Sieg einfuhr. Im September gewann er die erste Etappe der BinckBank Tour, sein erster Triumph bei einem World-Tour-Rennen. Mit Dylan Groenewegen, Marcel Kittel und Caleb Ewan schlug er im friesischen Bolsward drei absolute Topsprinter, von denen die ersten beiden bereits mehrere Etappensiege bei der Tour vorweisen konnten. Damit wurde Jakobsen zum ersten Mal klar, dass er eines Tages auch beim größten Radrennen der Welt zuschlagen würde – zwar musste er sich noch steigern, aber es war für ihn nun keine Frage mehr, ob er jemals bei der Tour am Start stehen würde. Das war keine Arroganz, das war die Realität, auch wenn er nicht glaubte, dass sich alles über Nacht einstellen würde. Er musste weiterhin alles geben, wollte er in den kommenden Jahren diese Chance bekommen, und zudem sicherstellen, dass er tatsächlich gut genug war, um auch zu gewinnen.

In der Hierarchie der Mannschaft ist er nun eine Stufe aufgestiegen. Hatte er in der letzten Saison mit Elia Viviani und Fernando Gaviria noch zwei Sprinter über sich, war es jetzt nur noch der Italiener, weil der Kolumbianer woanders untergekommen war. Jakobsen mag diese gegenseitige Konkurrenz, sagt er. Auch wenn die Sprinter das gleiche Trikot tragen, sind sie letztlich Konkurrenten, die um einen Startplatz bei den großen Rennen kämpfen. Schon während seines ersten Trainingslagers mit dem Team vor einem Jahr hatte er Vivianis Selbstvertrauen ein paar Dämpfer versetzt, indem er ihn in den internen Duellen immer wieder hinter sich ließ.

Doch es ist der Italiener, der sich auf die Tour de France im nächsten Sommer vorbereiten darf. Jakobsen versteht das. Er muss noch einige Schritte in seiner Entwicklung machen, bevor er drei Wochen lang bei der größten aller Rundfahrten mitmischen kann. Aber er ist sich sicher, dass er es eines Tages bis dorthin schaffen und gewinnen wird. „Alles beginnt mit dem Glauben. Man muss zuerst selbst daran glauben, bevor jemand anderes daran glaubt. Ich glaube, dass ich die Topsprinter schlagen kann. Warum auch nicht? Das habe ich schon einmal geschafft. Das sind auch nur Menschen."

Der Morgen nach dem Auftaktzeitfahren. Tag zwei der Tour und die erste richtige Etappe, von Roskilde nach Nyborg. Nach den Spezialisten im Kampf gegen die Uhr gehört die Bühne heute den Sprintern.

Jakobsen ist nervös. In den letzten Jahren hat er es sich fast zur Gewohnheit gemacht, bei einem Etappenrennen sofort zuzuschlagen, wenn sich die Möglichkeit bot. Der Heukelumer hat dafür eine Erklärung. Früher, noch als Neuling und bei den Junioren, nahm er an vielen Eintagesrennen teil, die nur eine einzige Chance auf einen Sieg ließen, und die musste genutzt werden. Okay, bei den Mehrtagesrennen war es in gewisser Weise dasselbe, da sie oft nur eine oder höchstens zwei Etappen für die Sprinter bereithielten. Das ist bis heute seine Herangehensweise in einem Etappenrennen – es ist der Eintagesrennen-Fahrer, der in ihm schlummert. Jakobsen weiß zudem, dass er am besten ist, wenn er noch frisch ist, also zu Beginn einer großen Rundfahrt.

So viele Chancen würden sich bei dieser Tour vielleicht gar nicht ergeben. Gemeinsam mit seinem Trainer Koen Pelgrim und dem Sportlichen Leiter Tom Steels war er die Etappen der ersten Woche durchgegangen. Die vierte Etappe – die erste nach dem Transfer in Richtung Frankreich – hatte einen kniffligen Anstieg im Finale, und die fünfte führte über Kopfsteinpflaster. Ob es an beiden Tagen überhaupt einen Sprint geben würde, stand in den Sternen. Danach folgten die ersten Bergetappen, und die Sprinter würden sich gedulden müssen, bevor sie wieder an der Reihe waren. Jakobsen ist sich also darüber im Klaren, dass es heute oder morgen auf dänischem Boden passieren muss.

Bei der Besprechung vor dem Start im Bus ergreift er das Wort und wendet sich an seine Teamkollegen, von denen einige im Laufe der Jahre zu Freunden geworden sind. Natürlich ist es die Tour, und alle im Peloton sind in Topform, aber er weiß auch, dass man die Dinge nicht unnötig verkomplizieren sollte. Ein Rennen bleibt ein Rennen, unabhängig von der Bühne, auf der man sich gerade präsentiert. Er sagt seinen Teamkollegen, dass er an seine Chance glaubt und volles Vertrauen in sie hat. Jeder weiß, was er zu tun hat: Das Ziel ist ein perfekt getimter *lead-out*. Wenn alle ihre Aufgabe erfüllen und er 200 Meter vor dem Zielstrich in Position ist, wird er die Etappe gewinnen. Davon ist er fest überzeugt.

Juli 2020. Ein begeisterter Jakobsen freut sich darauf, dass es in wenigen Tagen wieder losgeht. Er weiß noch nicht genau, was ihn erwartet, denn alle großen Rennen, die sich normalerweise über ein Jahr erstrecken, werden nun in etwas mehr als drei Monaten abgewickelt. So wurde beispielsweise die Tour von Juli auf September und der Giro von Mai auf Oktober verlegt, alles eine Folge der Corona-Pandemie, die im vergangenen März ausgebrochen ist und die Welt in Atem hält. Jakobsen hat die wettkampffreie Zeit gut gemeistert. Trotz der Einschränkungen war es ihm in den Niederlanden vergönnt, im Freien zu trainieren, sodass er sowohl Kondition als auch Sprintfähigkeiten konservieren konnte. Sollte sich ein Licht am Ende des Tunnels auftun und er wieder Rennen fahren können, wollte er bereit sein. Außerdem konnte er in seiner eigenen Blase viel Zeit mit seiner Familie verbringen und sich zur Abwechslung mal nützlich machen.

„Normalerweise dreht sich bei mir zu Hause alles um Radsport, jetzt helfe ich gelegentlich im Haushalt. Nach vier Stunden Training bleibt noch genug Zeit, um andere Dinge zu erledigen. Meine Schwiegereltern gestalten ihren Garten um, und ich helfe ihnen regelmäßig ein paar Stunden lang. Ich stelle mich zwar nicht sehr geschickt an, aber ich tue, was ich kann. Oder ich mache Besorgungen für meine Großeltern, die nicht vor die Tür gehen können. Aus solchen einfachen Tätigkeiten ziehe ich auch eine gewisse Befriedigung.

Ich ernähre mich gesund und achte darauf, dass ich fit bleibe. Ich habe sicherlich keine ‚Corona-Kilos' auf den Rippen. Die Schnelligkeit ist noch da, ich habe sie halten können, und beim Training im Windschatten hinter dem Roller meines Vaters habe ich sogar meinen persönlichen Rekord verbessert und eine neue Bestleistung erreicht."

Sein ursprünglicher Plan sah vor, in dieser Saison den Giro d'Italia zu fahren und damit die zweite große Rundfahrt seiner Karriere, nachdem er im August 2019 an der Vuelta a España teilgenommen hatte. Sein Rundfahrt-Debüt verlief erfolgreich, denn Jakobsen kehrte nach drei Rennwochen mit zwei Etappensiegen im Gepäck nach Hause zurück. In Spanien schlug er unter anderem den Iren Sam Bennett, der im vergangenen Winter sein Teamkollege geworden war – und damit ein interner Konkurrent. Bennett war für die Tour vorgesehen, aber in diesen unsicheren Corona-Zeiten kam alles auf den Prüfstand. Während des jüngsten Trainingslagers der Mannschaft in San Pellegrino, Italien, hatte Jakobsen bereits gemerkt, dass er während des Lockdowns gut trainiert hatte. Auch seine Mannschaftskameraden sahen, dass er in Form war, während Bennett über Knieprobleme und andere Wehwehchen klagte.

Jakobsen geht immer noch davon aus, dass es für ihn der Giro sein wird, aber irgendwo im Hinterkopf hält er sich die Option offen, dass es doch noch für ein Tour-Debüt reichen könnte. In diesem verrückten Jahr war ja alles möglich. Aber erst einmal steht die Polen-Rundfahrt an. „Ich habe einen Zeitplan für die nächsten Monate, aber man muss abwarten, ob all diese Rennen überhaupt stattfinden. Im Moment leben alle in Ungewissheit. Heute haben wir, morgen hoffen wir, dass wir haben werden." Sieben Tage später kommt es bei der ersten Etappe der Polen-Rundfahrt zu einem schrecklichen Unfall. Das Ziel in Kattowitz liegt auf einer abschüssigen Straße, auf der sehr hohe Endgeschwindigkeiten erreicht werden – ein häufig angesteuerter, wenn auch berüchtigter Zielort. Dylan Groenewegen scheint die besten Karten zu haben, den Sprint zu gewinnen, aber auf den letzten 100 Metern kommt Jakobsen aus dem Windschatten, und es scheint, als könne er den Amsterdamer rechts überholen. In diesem Moment weicht Groenewegen von seiner Linie ab und steuert auf die Absperrbanden zu. Jakobsen kann nicht mehr ausweichen. Mit 80 Stundenkilometern knallt er in die Absperrung, die zu allem Übel auch nicht richtig montiert ist, und prallt dann gegen einen Rennoffiziellen, der direkt vor dem Zielbogen steht. Es ist das reinste Schlachtfeld. Mehrere gestürzte Fahrer und Rennräder liegen auf der Straße verstreut – ein fürchterlicher Anblick. Jakobsen hat es bei Weitem am schlimmsten getroffen. Sein Teamkollege Florian Sénéchal, der herbeigeeilt ist, rettet ihm das Leben, indem er verhindert, dass der Niederländer an seinem eigenen Blut erstickt. Als die Rettungskräfte eintreffen, schwebt er immer noch in Lebensgefahr. Die Verletzungen, die der 23-jährige Fahrer erlitten hat, sind lebensgefährlich: eine Gehirnerschütterung, ein Schädelbruch, ein gebrochener und gerissener Gaumen, zehn verlorene Zähne, eine eingerissene Ohrmuschel, eine geprellte Schulter und Lunge. Außerdem sind Unter- und Oberkiefer teilweise sowie Nase und Daumen gebrochen sowie das Stimmband gelähmt.

Drei Tage nach dem Sturz erwacht er aus einem künstlichen Koma. Seine Freundin Delore und seine Eltern sind inzwischen nach Polen gekommen. Seit dem Sturz kann sich Jakobsen an nichts mehr erinnern. In den folgenden Tagen hat er mehrmals Todesangst. Er hat das Gefühl, um sein Leben kämpfen zu müssen, und fürchtet, seine Angehörigen nicht wiederzusehen. Aber dann: „Es hat sich für mich so angefühlt, als würde mich jemand kurz vor dem Himmelstor umdrehen, mir eine Augenbinde anlegen und mich zurückschicken. Als ob meine Zeit noch nicht gekommen wäre. Das ist mir am meisten im Gedächtnis geblieben, ich werde es nie vergessen. Es ist eine Wunde, die niemals ganz verheilen wird." Eine Woche nach dem Sturz wird er in die Niederlande ausgeflogen, und für ihn beginnt ein langer und mühsamer Reha-Prozess. In diesem Moment hat er nur einen Wunsch, der nichts mit Rad- oder Spitzensport zu tun hat: Alles, was Jakobsen will, ist, wieder ein gesunder junger Mann von fast 24 Jahren zu werden, der normal am Leben teilnehmen kann.

Der Start der zweiten Etappe nach Nyborg ist für 12:30 Uhr geplant. Nach der Teambesprechung und den letzten Vorbereitungen beschließt Jakobsen, den Bus 15 Minuten früher als üblich zu verlassen und loszufahren. Er möchte alles in Ruhe erledigen, und da er einer der Anwärter auf den Etappensieg ist, werden ihn viele Fernsehsender interviewen wollen, bevor er zum Start pedaliert.

Ein paar Tage zuvor bei der Teampräsentation im Tivoli-Vergnügungspark im Herzen Kopenhagens hatte er bereits festgestellt, dass die Tour um ein Vielfaches größer ist als jedes andere Rennen. Es waren nicht nur die bekannten Gesichter der traditionellen Radsportmedien, die in der Mixed Zone mit ihm sprechen wollten, sondern auch ihm unbekannte Reporter von führenden TV-Sendern, die wegen der Größe der Veranstaltung nach Dänemark geschickt worden waren. Eine der ersten Fragen lautete, wie er es fände, wieder gegen Dylan Groenewegen zu sprinten. Dabei wurde ihm klar, dass dies für die Welt da draußen das erste Duell auf diesem Niveau zwischen den beiden besten niederländischen Sprintern war. Jakobsen selbst sah es freilich anders, da sie seit seinem Comeback schon mehrmals die gleichen Rennen gefahren und auch schon mehrmals gegeneinander gesprintet waren.

Acht Monate nach dem Unfall in Polen kam es zu einem Treffen zwischen den beiden, aber nicht mit dem Ausgang, den sich Jakobsen gewünscht hatte. In den Wochen und Monaten davor hatte er auf eine Entschuldigung von Groenewegen gehofft, doch die blieb aus. Seitdem hatte er kaum noch Kontakt zu dem Amsterdamer. Ihm war klar, dass sie sich irgendwann bei den Wettkämpfen begegnen würden, und er konnte sich vorstellen, dass Groenewegen ebenfalls eine sehr schwierige Zeit durchgemacht hatte. Aber nach all dem, was geschehen war, wusste Jakobsen nicht, ob er ihm bei einem erneuten Zweikampf vertrauen konnte. Niemand konnte ihm das verübeln, dachte er. Er hoffte nur, dass sie sich von nun an fair und anständig miteinander messen würden. Aber wenn er vor jemandem gewinnen wollte, dann vor Groenewegen.

In der letzten halben Stunde vor dem Start in Roskilde drehen sich die Fragen der Fernsehjournalisten nicht so sehr um die Konkurrenz, sondern vor allem darum, wie er sich fühlt und was er von der anstehenden Etappe hält. Seit Tagen sprechen sie über das Finale auf der Storebæltsbroen, einer nicht weniger als 18 Kilometer langen Brücke über den Großen Belt, die die Inseln Fünen und Seeland verbindet und auf der sich der Wind austoben kann. Es handelt sich um die entscheidende Passage, denn zwei Kilometer nach dem Ende der Brücke wartet bereits der Zielstrich. Nach den letzten Vorhersagen herrscht Gegenwind vom Feinsten, sodass es höchst zweifelhaft ist, ob es auf der Brücke eine Windkante gibt und das Feld gesprengt wird. Jakobsen ist nicht beunruhigt. Die Tour hat gerade erst begonnen, alle Fahrer sind frisch und in bester Verfassung. Es bleibt abzuwarten, ob das Feld tatsächlich auseinanderbricht, erst einmal geht er von dem naheliegendsten Szenario aus: einem Massensprint.

Juni 2021. Jakobsen sitzt entspannt auf dem Loungesofa im Gartenhaus seiner Schwiegereltern in Zuidland, einer Stadt auf der Insel Voorne-Putten. Seine Nase sieht ein wenig anders aus, und auf der linken Gesichtshälfte ist eine Narbe zu sehen, die von der Lippe bis zum Kinn verläuft. Aber abgesehen von diesen äußerlichen Merkmalen ist er immer noch derselbe Fabio: ein selbstbewusster und positiv eingestellter junger Mann in den Zwanzigern. Das Leben lacht ihn wieder an, im Wort- wie auch im übertragenen Sinn. Nach fast elf „zahnlosen" Monaten ist sein Gebiss seit nunmehr einer Woche wieder vollständig. Er kann endlich wieder normal einen Apfel essen, mit seinen Zähnen ein Gel auf dem Fahrrad aufreißen, und er muss sein Sandwich nicht mehr in kleine Stücke schneiden. „Einmal auf Holz klopfen, aber im Grunde habe ich alle größeren Operationen hinter mir. Jetzt habe ich wirklich das Gefühl, dass es für mich nur noch vorwärtsgeht."

Knapp ein Jahr nach dem Sturz fühlt sich Jakobsen wieder wie ein vollwertiger Radprofi, und um dieses Ziel zu erreichen, musste er einen langen und harten Weg hinter sich bringen. In den ersten acht Wochen nach dem Unfall brauchte er viel Ruhe und lag meist auf der Couch und im Bett. Eine Runde im Freien konnte er nur im Rollstuhl drehen, und die Nachwirkungen der Gehirnerschütterung beeinträchtigten auch seine koordinativen Fähigkeiten: Manchmal fiel ihm einfach etwas aus der Hand.

Im Oktober 2020 saß er zum ersten Mal wieder im Sattel, auch wenn es nichts im Vergleich zu dem war, was er zuvor getan hatte. Doch es war das erste Mal, dass er sich wieder als Mensch fühlte. Seine Stimmbänder erholten sich, und die ersten zaghaften Versuche auf dem Rad verursachten keine körperlichen Beschwerden. Langsam, aber sicher konnte er an den nächsten Schritt denken: die Rückkehr in seinen alten Job.

Doch dafür mussten noch viele Hindernisse aus dem Weg geräumt werden. Jakobsen vergleicht es mit einer sehr langen Bergetappe, die er zu bewältigen hatte. Noch im selben Monat, in dem er wieder auf sein Fahrrad gestiegen war, wurde ihm

Knochenmaterial aus dem Becken in Ober- und Unterkiefer eingesetzt. Die nächsten vier Wochen verbrachte er erneut ausschließlich auf der Couch und im Bett. Es war eine schwierige Zeit, aber Jakobsen schaffte es, positiv zu bleiben. Er dachte an die Fahrer, die nicht mehr dabei waren. An den jungen Belgier Bjorg Lambrecht, der ein Jahr zuvor bei der Polen-Rundfahrt sein Leben gelassen hatte. Und an Fabio Casartelli, den Italiener, der 1995 – ein Jahr vor Jakobsens Geburt – bei der Abfahrt vom Portet d'Aspet bei der Tour ums Leben kam und nach dem seine Eltern ihn benannt hatten. Jakobsen war dankbar, dass er überhaupt noch lebte und eine zweite Chance erhalten hatte.

Im Januar 2021 stieß er zum zweiten Mal innerhalb kurzer Zeit zu Deceuninck-Quick Step, wo er sich in einem Trainingslager in Spanien bereits wieder in recht guter Form präsentierte. Er wollte im Hinblick auf die nächste anstehende Operation so viel Kondition wie möglich aufbauen. Einige Monate nach der Kiefer-OP mussten ihm im Februar Implantate in den Mund gesetzt werden, auf die später seine Zähne gesetzt werden sollten. Bei dieser Operation wurde auch sein Mund wiederhergestellt, der nach dem Sturz mit 130 (!) Stichen genäht worden war. Auch in dieser Zeit durfte er drei bis vier Wochen lang nicht Rad fahren. Jakobsen wusste, dass all dies notwendig war, um irgendwann einigermaßen wiederhergestellt zu sein, aber gleichzeitig fand er es frustrierend, dass er in seinem Formaufbau erneut zurückgeworfen wurde.

Für die Implantate musste auch etwas Zahnfleisch transplantiert werden, und dazu wurden Teile seines Gaumens abgeschabt. Vierzehn Tage lang hatte er einen offenen Gaumen, und an Essen und zu heißes oder zu kaltes Wasser war nicht zu denken. Für Jakobsen waren dies die schwierigsten Wochen seines Genesungsprozesses, auch weil er starke Schmerzen hatte und kaum schlafen konnte. Das ließ sich nicht mit dem Leiden auf dem Rennrad vergleichen, das waren Schmerzen einer ganz anderen Art. Er bewies Charakter und überstand auch diese Zeit.

Am 11. April 2021, genau 250 Tage nach dem Sturz in Kattowitz, kehrte er bei der Türkei-Rundfahrt ins Renngeschehen zurück. Das war ein besonderer Moment, auch für seine Kollegen, von denen viele zu ihm kamen, um ihm zu sagen, wie glücklich sie waren, ihn wiederzusehen. Einige sagten sogar, sie hätten für ihn gebetet. Es waren Szenen, die Jakobsen in den folgenden Monaten noch mehrmals erleben sollte.

Bei der Türkei-Rundfahrt war er nur da, um das Peloton aufzufüllen, aber der Sprinter in ihm wollte das Rennen unbedingt nutzen. Er musste herausfinden, ob er den Stress innerhalb des Pelotons wieder aushalten konnte und ob er sich wieder in den Massensprint traute. „Während der dritten Etappe war ich in dem kleinen Zug unseres Sprinters Mark Cavendish. Die Anweisung in dieser Woche lautete, dem Team zu helfen, wann immer es möglich war. Ich habe den ganzen Tag gelutscht und bin selbst nur 200 Meter im Wind gefahren, als mein Teamkollege Shane Archbold rief, dass er übernehmen würde. Ich scherte aus – das muss man dann tun –, hatte aber das Gefühl, dass ich mich mehr einbringen müsste als bisher. Also sortierte ich mich hinter unseren letzten Mann Cavendish wieder ein. Ich fuhr in der Mitte des Pelotons, mitten im Gewusel. Wenn ich mich getraute, hier zu fahren, traute ich mich auch, an zweiter oder dritter Position vorne zu fahren, wo es sogar sicherer war.

Ich wollte mich selbst testen, ob mich die Angst nicht doch noch packen würde. Das ist nicht passiert. Ich wurde 39. im Sprint und nahm sogar die Hände vom Lenker, um mich aufzurichten und nach vorn zu linsen, ob *Cav* gewonnen hatte. Offensichtlich war es das Adrenalin, das ich vermisst hatte. Diese Etappe gab mir die Bestätigung, dass ich es immer noch schaffen konnte. Die Angst davor, wieder inmitten eines Profi-Felds zu fahren, war danach weg."

Inzwischen fühlt sich Jakobsen nicht nur wie ein Fahrer, sondern auch wieder wie ein echter Sprinter. Nach drei Etappenrennen und einem Höhentrainingslager darf er seit einer Woche endlich wieder gezielt Sprinttrainings absolvieren, ein ziemlicher Schock für seinen Körper, der diese kurzen Belastungsintervalle bei maximaler Kraftanstrengung von 20 bis 30 Sekunden seit einem Jahr nicht mehr gemacht hat. Die ersten Male bekam er ordentlich Muskelkater, aber inzwischen merkt er schon, dass sich sein Körper gut erholt und es ihm besser geht. Jetzt, wo er alle Operationen hinter sich hat, kann er sich voll und ganz auf seine Rückkehr konzentrieren. Im August wird er bei der Spanien-Rundfahrt an den Start gehen, und die Teilnahme an dieser großen Rundfahrt wird ihm die Möglichkeit geben, die Weichen für die Zukunft neu zu stellen. Bleibt nur noch abzuwarten, ob sein *Punch* noch so herausragend und kraftvoll sein wird wie vor dem Unfall.

„Habe ich 200 Meter vor der Ziellinie wirklich die Körner für einen Zehn-Sekunden-Sprint in den Beinen, dann kann ich mich wieder zu einem Topsprinter entwickeln. Aber das muss ich erst noch beweisen. Auch geistig. Vielleicht werde ich auch mal abbremsen, oder die Angst überkommt mich. Aber eigentlich weiß ich, dass in dieser Hinsicht alles stimmt, und ich habe das Gefühl, dass ich das Rennrad unter Kontrolle habe. Es ist immer noch in mir. Wenn ich es schaffe, in Spanien eine Etappe zu gewinnen, kann ich einen Schlussstrich unter die Reha ziehen. Dann ist dieses Kapitel abgeschlossen, und das Projekt, es wieder unter die besten Sprinter zu schaffen, beginnt."

Dafür musste er ziemlich hohe Hürden überwinden, aber der Streifen am Horizont ist wieder da. Fast drei Jahre nach dem Gewinn der ersten Etappe der BinckBank Tour – als er Kittel, Groenewegen und Ewan schlug – wagt er es, wieder laut von Etappensiegen bei der Tour de France zu träumen. „Wenn es mir gelingt, eine Etappe bei der Tour zu gewinnen, kann ich sagen, dass meine Karriere erfolgreich war."

Ein Ruck geht durch seinen Körper, sein Puls schießt in die Höhe. Reflexartig geht Jakobsen in die Bremse und verlagert sein Gewicht schnell auf sein Hinterrad. Kurz nach der hektischen Auffahrt zur Storebæltsbroen haben die Teamkollegen Lampaert und Mørkøv direkt vor ihm eine schmerzhafte Begegnung mit dem Asphalt. Alles passiert in Sekundenbruchteilen. Der Sprinter handelt instinktiv und bremst nicht zu stark. Wenn er das tut, geht er ebenfalls zu Boden. Aber er kann sich wie durch ein Wunder halten. Weil sein Vorderrad durch die Gewichtsverlagerung leicht vom Boden abhebt und er das Glück hat, nirgends hängen zu bleiben, entgeht er einem Sturz – es ist nicht das erste Mal, dass sich Jakobsen auf diese Weise rettet.

Durch den starken Gegenwind wird das Feld langsamer. Das Peloton fächert sich nicht auf, und nach der Nervosität kehrt wieder etwas Ruhe ein. Jakobsen kann daher schnell zu seinen Teamkollegen aufschließen, und nach einer kurzen Aufholjagd können auch der in Gelb fahrende Lampaert und Jakobsons Anfahrer Mørkøv wieder aufschließen.

Wenig später, an der Abfahrt von der Brücke, beginnen die Vorbereitungen für den Sprint. Sénéchal sorgt dafür, dass der Zug von Quick Step-Alpha Vinyl an der Spitze des Feldes formiert ist. Dann übernimmt Kasper Asgreen das Kommando. Seine Aufgabe ist es, das Team in Position zu halten, aber in seinem Enthusiasmus vor heimischer Kulisse fährt der Däne etwas härter als nötig. Nach dem Verlassen der Brücke folgen einige Kurven auf der nicht allzu breiten Straße, und auf den letzten zwei Kilometern bricht das Chaos aus. Jakobsen verliert im Gerangel ein paar Positionen. Der Niederländer weiß inzwischen, dass der vorab gefasste Plan nicht mehr aufgehen wird. Er sucht und findet das Hinterrad von Mørkøv, der ihn in einer letzten Kraftanstrengung wieder nach vorne zu den anderen Topsprintern führt. 700 Meter vor dem Ziel hat auch der zweite Teamkollege aus Dänemark seine Arbeit getan, von nun an ist Jakobsen auf sich allein gestellt.

Mai 2022. Mit dem Schlüssel und ein paar Lebensmitteln in der Hand geht Jakobsen vom Parkplatz zur Haustür seiner Schwiegereltern. Er hat gerade seine Freundin an der U-Bahn abgesetzt und dann noch schnell einen Abstecher zum Supermarkt gemacht, um Kuchen für die Kaffeetafel zu kaufen. Der

Sommer steht vor der Tür und damit auch die Tour de France. Höchste Zeit für ein neues Interview.

An der Küchenwand in Zuidland hängt eine Zeitungsseite mit dem kompletten Etappenplan der kommenden Tour de France. Mit blauem Kugelschreiber wurden einige Nummern eingekreist. Das sind die Etappen, die normalerweise mit einem Massensprint enden, und das sind die Tage, an denen es für Jakobsen gilt. Bis zum Grand Départ in Dänemark sind es noch zwei Monate, aber er hat sie sich bereits eingeprägt. Zwar erfährt er erst kurz bevor es losgeht, ob er tatsächlich für die Tour nominiert worden ist, aber das ist bei seinem Team seit Jahr und Tag so Usus.

Im vergangenen Winter, während des ersten Trainingslagers vor der Saison, wurde er wie üblich von der Sportlichen Leitung gefragt, welche Rennen er 2022 gerne fahren würde. Für Jakobsen war klar: Er wollte zur Tour de France. Ohne den Sturz und die lange Reha hätte er vielleicht schon an einer, wenn nicht sogar zwei Ausgaben teilgenommen, nun war die Zeit reif. Das hatte er unmittelbar nach dem Ende der Vuelta a España einige Monate zuvor gespürt. Jakobsen war nach Spanien gereist, um im Hinblick auf die kommende Saison stärker und zäher zu werden, mit dem Hoffnungsschimmer am Horizont vor Augen. Drei Wochen später wurde er in Santiago de Compostela als bester Sprinter geehrt, auch dank dreier Etappensiege. Damit war das Comeback für Jakobsen perfekt, der sich nach seinem Wiedereinstieg ins Renngeschehen eigentlich ein paar Jahre eingeräumt hatte, um es wieder bis ganz nach vorn zu schaffen. Aber es ging alles viel schneller, als er gedacht hatte. Seine Erfolge erlaubten es ihm, seine Zielsetzung zu verschieben, und so wollte er 2022 ein gutes Frühjahr fahren und dann auf die Große Schleife hinarbeiten.

Etwas zu seiner eigenen Überraschung schaffte es Jakobsen in den vorläufigen Kader für die Tour. Die Teamleitung sprach dem Niederländer ihr Vertrauen aus und zog ihn Mark Cavendish vor, dem besten Sprinter aller Zeiten, den er 2009 als Kind zu Hause vor dem Fernseher in Heukelum eine Tour-Etappe gewinnen sah, als der Brite mit Daumen und kleinem Finger eine Telefon-Jubelgeste machte. Derselbe Cavendish war während Jakobsens Abwesenheit zu Quick-Step zurückgekehrt und erlebte nach einigen mageren Jahren 2021 ein großes Revival. Dank eines großartigen Sprintzuges gewann die „Manx Missile“ vier Etappen und das Grüne Trikot in Frankreich. Damit kam er auf insgesamt 34 Etappensiege und zog mit dem Rekordhalter und der lebenden Legende Eddy Merckx gleich. Cavendish wünschte sich nichts sehnlicher, als im Sommer zur Tour zurückzukehren und diesen Rekord zu brechen. Die Nachricht, dass Jakobsen vorgezogen wurde, und die Tatsache, dass dies bereits zu Beginn der Saison nach außen kommuniziert wurde, war für den Briten schwer verdauliche Kost.

„Es ist ganz klar: Cavendish verdient es, zur Tour zu fahren, aber ich auch. Wären wir beide in verschiedenen Teams, stünden wir beide am Start. Jetzt muss das Management eine Entscheidung treffen. Ich kann nur sagen, dass ich auf die Tour hinarbeite. Aber wenn ich nicht gut genug bin und Cav besser ist, dann geht er. So funktioniert der Spitzensport.“

Jakobsen hat nicht das Gefühl, dass es eine persönliche Angelegenheit ist. Der Brite und er sind Kumpel. Ein Jahr zuvor, bei der Tour 2021, sagte Cavendish vor laufender Kamera, dass der Niederländer in zwölf Monaten seine eigene Geschichte beim größten Radspektakel der Welt schreiben würde.

„Ich bin ganz gut darin, die Dinge aus der Perspektive eines anderen zu betrachten. Cav ist ein Spitzensportler und ein großer Champion. Ihn zieht es auf die größte Bühne. Ich bin nur ein weiterer Sprinter. Er hat damit zu kämpfen, weil auch er diesen Platz haben will. So wie die Dinge stehen, darf ich nach Frankreich fahren und Cavendish ist Ersatz.“ Ein zusätzlicher Vorteil ist, dass Jakobsen nach dem gerade zu Ende gegangenen Frühjahr einige Meriten mitbringt: Er hat sechs Siege auf dem Konto, vor allem den Sieg bei Kuurne-Brüssel-Kuurne und den Etappensieg bei Paris-Nizza. Caleb Ewan, Wout van Aert, Tim

Merlier, Elia Viviani, Alexander Kristoff, Giacomo Nizzolo, Mads Pedersen: Sie alle hat er einmal oder sogar mehrfach geschlagen. Wenn Jakobsen beim Sprint freie Bahn hat, ist er nicht zu bremsen. Er hat das Gefühl, dass er körperlich auf demselben Niveau wie vor dem Sturz ist. Mit einem großen Unterschied: Sein Sprint ist besser als je zuvor. Er und kein anderer ist derzeit der schnellste Mann im Peloton.

Noch 700 Meter bis zum Ziel. Eine 90-Grad-Linkskurve. Jakobsen kommt als Siebter aus dieser Kehre. Er befindet sich im Auge des Sturms, denkt aber weiter klar. Ohne seinen Anfahrer Mørkøv ist er auf sich allein gestellt und gezwungen, sich an das Hinterrad eines starken Konkurrenten zu klemmen. Alexander Kristoff fährt vor ihm, aber dessen Hinterrad ist es nicht, das er haben sollte, denn der Norweger wird diesen Sprint nicht gewinnen, das weiß Jakobsen. Vor ihm fahren van Aert und Pedersen, die beide noch je einen Teamkollegen zur Verfügung haben; für den Belgier ist es Christophe Laporte, und der Däne hat Jasper Stuyven dabei. Ganz vorne liegt der in Gelb fahrende Lampaert, der für Jakobsen nicht mehr tun kann, als das Tempo so hoch wie möglich zu halten. Der Niederländer tritt in diesem Moment an, um Kristoff links zu überholen, und beißt sich dann an Pedersens Hinterrad fest.

Noch 500 Meter. Es geht leicht bergab, und das Tempo ist bereits auf über 50 Stundenkilometer angestiegen. Lampaert geht raus. Stuyven übernimmt die Führung und zieht den Sprint für Pedersen an. Van Aert sitzt unterdessen am Hinterrad des Dänen. Jakobsen weiß, dass die Straße eine leichte Biegung nach links nimmt und dass beide Konkurrenten den kürzesten Weg ins Ziel suchen werden. Das bedeutet, dass es auf der rechten Straßenseite Platz gibt, um anzugreifen. Dort will er hin, aber dann muss er van Aerts Hinterrad haben. Als Pedersen 250 Meter vor dem Ziel zum finalen Angriff ausholt und Jakobsen sich absetzen will, bekommt er einen Rempler von Peter Sagan mit, der neben ihm fährt: Auch der Slowake will um jeden Preis van Aerts Hinterrad. Jakobsen ist noch nicht oft gegen Sagan gesprintet, aber er weiß, dass dieser die Grenzen des Erlaubten sucht und sie manchmal auch überschreitet. Er stemmt sich dagegen und nimmt es mit dem dreifachen Weltmeister auf. Lässt er ihn vorbeiziehen, ist die Etappe gelaufen, und alle Chancen auf den Sieg sind dahin. Das Rad von van Aert gehört ihm, und so verteidigt er seine Position.

Nach Pedersen zieht nun auch van Aert an. Der Träger des Grünen Trikots hält sich im Windschatten des Dänen und rauscht an seinem Teamkollegen Stuyven vorbei, der etwas Vorsprung herausgefahren hat und austrudeln lässt. Jakobsen will noch von links auf die rechte Straßenseite wechseln, aber dazu muss er zunächst Sagan überholen. Und das, während Stuyven nach rechts ausschert. Die Geschwindigkeit liegt weit über 60 Stundenkilometer, als Sagan versucht, sich durch eine Lücke zwischen Jakobsen und Stuyven zu quetschen, die kaum vorhanden ist. Die drei Fahrer touchieren sich, und auf wundersame Weise stürzt niemand. Jakobsen geht als Sieger daraus hervor. Durch die Berührung entsteht ein gewisser Abstand zwischen Sagan und ihm. Sobald er das Gefühl hat, dass er endlich „frei" ist, geht er sofort aus dem Sattel und schießt mit kraftstrotzenden Pedalumdrehungen am Slowaken vorbei.

Van Aert ist wie erwartet nach links ausgeschert und liegt schon fast gleichauf mit Pedersen. Jakobsen zündet nun seinen Turbo. Viel Zeit bleibt ihm nicht, denn er hat immer noch mehr als eine Radlänge Rückstand, und es sind nur noch knapp 100 Meter bis zur Ziellinie. Er beißt die Zähne zusammen und holt alles aus sich heraus. Für einen Moment blickt er ein wenig nach unten, dann hebt er wieder den Kopf. Und da ist er schon, der weiße Kalkstrich!

Dezember 2022. Weihnachten ist gerade vorbei. Am Küchentisch in Heukelum tippt Jakobsen auf die Leertaste seines Laptops, um den laufenden Clip zum Schweigen zu bringen. In den letzten zehn Minuten hat er mit kleinen Unterbrechungen eine messerscharfe Analyse des Finales in Nyborg gegeben, das jetzt mehr als fünf Monate zurückliegt. Das eingefrorene Bild zeigt, dass er soeben an Sagan vorbeigezogen ist und wie entfesselt antritt. Bis zum Zielstrich sind es nur noch so wenige Meter, dass ein erneutes Pausieren sinnlos ist. Jakobsen tippt erneut auf die Leertaste und lässt das Video weiterlaufen. Auf den allerletzten Metern kommt er erst neben und setzt sich dann dank Tigersprung noch vor van Aert und Pedersen; bei dem Belgier kann man in der Zeitlupe sehen, wie ihm ein unflätiger Kraftausdruck entfährt. Gleichzeitig hebt Jakobsen den Oberkörper und ballt die Hände zu Fäusten. „Als ich Sagan abgeschüttelt hatte, war es nicht mehr weit bis ins Ziel. Trotzdem wusste ich, dass ich es noch schaffen konnte. Mit ein paar Pedaltritten kann ich sehr viel Geschwindigkeit auf die Straße bringen, vor allem, wenn ich aus dem Windschatten herauskomme. Ich wusste auch sofort, dass ich gewonnen hatte, denn ich war zu ihnen aufgeschlossen und konnte noch zum Tigersprung ansetzen." Glück und Zufriedenheit übermannen ihn danach, wobei die Euphorie nicht anders ist als bei früheren Siegen. Für Jakobsen ist Gewinnen gleich Gewinnen – sei es ein Fette-Reifen-Rennen im Dorf im Alter von zehn Jahren, der Sieg beim Ster van Zwolle als Nachwuchsfahrer oder der Sieg bei der Tour de France. Die Bühne ist im Laufe der Jahre größer geworden, aber da sie zu jedem Zeitpunkt seines Lebens jeweils das Höchste war, was er erreichen konnte, fühlte sich ein Sieg jedes Mal genauso gut an.

In Nyborg merkte Jakobsen recht schnell, dass sich viele Menschen über seinen Etappensieg freuen. Nicht nur seine Verlobte, seine Eltern, seine Schwester, sein Schwiegervater und sein Schwager, die im Ziel sind, sondern auch Teamkollegen, Mitstreiter aus anderen Mannschaften und sogar rivalisierende Sprinter. Als er später sein Handy zur Hand nimmt, haben ihm unter anderem Cavendish und Bennett gratuliert. In seinem ersten Fernsehinterview, das er vor der ganzen Welt gibt, bedankt er sich sofort bei allen, die ihm diesen Sieg erst ermöglicht hatten: bei seiner Familie und seinen Freunden ebenso wie bei den Ärzten, die ihm das Leben gerettet hatten, und den Spezialisten, die ihn bei seiner Rehabilitation unterstützt hatten.

Für die Radsportfans ist sein Sieg die Vollendung eines Märchens. Der junge Sprinter, der zu Beginn seiner Karriere einen kometenhaften Aufstieg hingelegt hat und auf dem besten Weg ist, bei der Tour zu glänzen, dann durch einen schrecklichen Sturz fast ums Leben kam und weit zurückgeworfen wurde, schafft es nach einem langen Genesungsprozess dennoch, seinen Traum zu verwirklichen.

„Es war der Höhepunkt eines Märchens, das ich selbst geschrieben hatte. Ich wollte wieder Rad fahren und versuchen, Rennen zu gewinnen. Bei der Tour hatte ich den Sturz bereits überwunden und machte dort weiter, wo ich vor dem Unfall aufgehört hatte. Die Welt da draußen beschäftigte sich viel mehr mit dem Thema als ich.

Ich weiß, dass sie daran festhält, aber für mich ist es nur ein Teil der Geschichte. Ich war fast 26, als ich in Dänemark gewann. Der Sturz und die Genesung, das war nur ein Jahr meines ganzen bisherigen Lebens. Jeder Fahrer, der eine Tour-Etappe gewinnt, hat so eine persönliche Geschichte. Es ist nie einfach, so weit zu kommen und dann auch noch zu gewinnen."

Für einen Sprinter gibt es nur wenige Rennen mit mehr Prestige, nur Paris-Roubaix, Mailand-San Remo und die Schlussetappe auf den Champs-Elysées sind vielleicht noch höher einzuschätzen. Das sind Gelegenheiten, die sich höchstens einmal im Jahr bieten – und im Falle der WM vielleicht sogar nur einmal in der Karriere. Für Jakobsen ist der Gewinn einer Tour-Etappe daher der größte Erfolg seiner bisherigen Laufbahn. Das lässt ihn in den letzten Tagen des Jahres an eine Aussage zurückdenken, die er früher einmal getätigt hat.

„Meine Karriere ist erfolgreich, ja. Ich denke, das kann man sagen, wenn man bei der Tour gewonnen hat. Ich habe es geschafft, diesen Lichtschimmer am Horizont zu erreichen. Ich bin ein normaler Typ aus den Niederlanden, der es trotzdem so weit gebracht hat. Darauf bin ich stolz. Nach allem, was in den letzten Jahren passiert ist, hat niemand erwartet, dass es so schnell geht. Hätte es fünf Jahre gedauert, würden auch alle sagen, dass ich es geschafft hätte, alles herauszuholen, was noch drin lag."

Jakobsen zieht den Vergleich mit einer Prüfung in der Schule. Es spielt keine große Rolle, welche Note man bekommt – wenn man sie besteht, hat man bestanden: ob nun mit Gut, Befriedigend oder Ausreichend spielt danach kaum eine Rolle. Seit seinem ersten Jahr als Profi schwört Fabio Jakobsen auf das gleiche Motto: Wenn du einmal gewinnen kannst, kannst du auch zwei- oder dreimal gewinnen. „Ich habe meine Prüfungen bestanden, aber es ist nicht so, dass ich jetzt aufhöre oder mich zurücklehne. Ich werde weiter hart trainieren und versuchen, noch einmal mit hoch erhobenen Händen über den Zielstrich zu fahren."

dylan teuns

ZURÜCK NACH LA PLANCHE

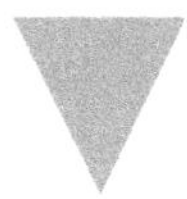

Für den Bruchteil einer Sekunde nimmt er etwas raus, geht aus dem Sattel und kurzzeitig in den Wiegetritt – die Verzögerung dauert gerade so lange, dass Giulio Ciccone vorbeigeht und die Führung übernimmt. Hinter dem Teufelslappen, der den letzten Kilometer des Rennens markiert, setzt Dylan Teuns sich wieder und klemmt sich ans Hinterrad seines Rivalen. Der Italiener ist der einzige verbliebene Gegner der ursprünglich 29-köpfigen Ausreißergruppe; die vielen Höhenmeter entlang der Strecke haben allen anderen frühen Ausreißern das Genick gebrochen. So gipfelt die Kletterpartie durch die Vogesen an diesem 11. Juli 2019 in einem nervenaufreibenden Duell hinauf nach La Planche des Belles Filles. Das kann niemand mehr verhindern – auch nicht das dezimierte Peloton mit allen Fahrern des Gesamtklassements. Die Kapitäne und ihre Helfer am Berg werden zu spät kommen. Teuns ist sicher: Ciccone und er werden um den Etappensieg kämpfen, und das am sechsten Tag seiner allerersten Tour de France.

Für den Flamen ist es mehr als ein Jahrzehnt her, dass er das erste Mal in den Vogesen war. In der Jugend und auch später als Junioren- und Nachwuchsfahrer durfte Teuns an einem Trainingslager in diesem schönen Mittelgebirge im Nordosten Frankreichs teilnehmen, zusammen mit einer Gruppe talentierter Gleichaltriger. Organisiert wurde es vom Belgischen Radsportverband mit dem Ziel, die jungen Fahrer an längere Anstiege heranzuführen und ihnen etwas über Training, Ernährung und Erholung beizubringen. Für Teuns war das eine großartige Erfahrung, aber jetzt – auf dem letzten Kilometer – nützt sie ihm wenig. Der Hasardeur von Bahrain-Merida war in seinen jungen Jahren vielleicht sechsmal in den Vogesen, aber er befindet sich in diesem Moment auf einem ihm völlig unbekannten Terrain. Die Planche des Belles Filles ist er bei den diversen Trainingslagern nie hinaufgefahren.

Doch die mangelnde Streckenkenntnis ist für Teuns kein Problem. In den Tagen vor dem Grand Départ in Brüssel hat er im Hotelbett liegend das Profil des Schlussanstiegs und das der gesamten Etappe studiert. Was er sieht, gefällt ihm, und so kreuzt er die Vogesen-Etappe an: Hier will er sein Glück versuchen. Noch heute Morgen hat er auf Instagram-Storys einen Clip des belgischen Sportsenders Sporza verfolgt, das den letzten Teil der Strecke bis zum Gipfel von La Planche aus dem Auto heraus gefilmt hat. Dieser letzte Kilometer ist für alle ein unbekanntes Terrain. Bei den drei vorangegangenen Ankünften auf dem berüchtigten Berg im Zeitraum von 2012 bis 2017 lag das Ziel auf einer Höhe von 1025 Metern. Dieses Mal haben sich die Streckenplaner der ASO, des Unternehmens hinter der Tour, dafür entschieden, den ohnehin schon schwierigen Anstieg noch ein wenig härter zu gestalten. Dazu haben sie einen extrem steilen Schotterweg hoch zu einem Plateau auf 1139 Metern hinten drangehängt, dem höchsten Punkt, den die Skilifte im Winter erreichen können. Grund genug, auch den Namen des Anstiegs noch einmal etwas aufzupeppen und ihn in „La Super Planche des Belles Filles“ umzubenennen. Teuns hat natürlich die manchmal schwindelerregenden Steigungsprozente im Tourbuch gelesen, aber in der Hitze des Gefechts kommen sie ihm nicht einen Moment lang in den Sinn. Der 27-jährige Ausreißer hat nur Augen für Ciccone. Vor allem, nachdem Tim Wellens und Xandro Meurisse, die beiden vorletzten Verbliebenen der Fluchtgruppe, nach den ersten beiden

Kilometern hinauf zu La Planche abreißen lassen mussten. Seitdem gibt es nur noch den Italiener und ihn. Mann gegen Mann. Teuns weiß, dass sein Begleiter die Chance hat, das Gelbe Trikot zu erobern, aber es scheint, als ginge es Ciccone ebenso um den Etappensieg. Der Belgier hat mehrere Attacken gefahren, um seinen Gegner zu testen, und hier und da das Tempo verschärft, um zu sehen, ob dieser einknicken würde. Doch Ciccone ließ sich nicht beirren und setzte seinerseits auch ein paar Nadelstiche, ohne dabei in den roten Bereich zu fahren. Ebenso wenig wie Teuns, der weiß, dass er explodieren wird, wenn er sich verzockt und zu viel riskiert. Sie sind ebenbürtig. Teuns erkennt, dass er Ciccone nicht abschütteln kann, und umgekehrt. Alles läuft auf das große Finale hinaus.

Kurz hinter dem Teufelslappen macht die Strecke einen leichten Knick nach rechts. Über Ciccones Rücken hinweg sieht Teuns ein Meer von Menschen auf dem höher gelegenen Berghang. Zehn Sekunden später schießt das Duo links den Schotterweg hinauf, vorbei an den Mechanikern, die hier bereitstehen und ein Ersatzrad bereithalten, falls sich der jeweilige Kapitän auf dem Schotter einen Plattfuß holt und dringend einen neuen Renner braucht.

Teuns hat derweil die Hände am Unterlenker, vorn liegt die Kette auf dem kleinen Blatt. 600 Meter vor dem Ziel überholt er Ciccone und fährt links an der Bande entlang. Hinter den Absperrungen stehen die begeisterten, jubelnden Fans Schulter an Schulter. Währenddessen ist das Hupen von Motorrädern zu hören, die kurz hinter den beiden Matadoren fahren und große Staubwolken aufwirbeln.

Bei 450 Metern geht Teuns kurz in den Wiegetritt und fährt in ein etwas flacheres Zwischenstück, um sich auf die nächste Steigung von sage und schreibe 21 Prozent vorzubereiten. Er blickt zurück, Ciccone hat einen verbissenen Gesichtsausdruck, klebt aber immer noch wie festgeschweißt an seinem Hinterrad. Teuns umgreift die Bremshebel fest an der Oberseite, tritt weiter in die Pedale und quält sich hoch. Erneut geht er aus dem Sattel, und dieses Mal bleibt er im Wiegetritt. Wieder zwei kurze Blicke zurück. Im Gegensatz zu ihm trägt Ciccone keine Brille mehr, und so kann er sehen, dass der Italiener jetzt richtig zu kämpfen hat. Auch Teuns spürt, wie die Muskeln in seinen Beinen brennen, aber er hat noch ein paar Körner in petto. An den vorherigen Anstiegen auf dieser Etappe hat er sich bewusst zurückgehalten und sich nicht an den erbitterten Sprints um die Punkte für das Bergtrikot beteiligt. Das wäre nur unnötige Energieverschwendung gewesen. Auch weil er am Morgen die Sporza-Aufnahmen gesehen hat, weiß er, dass er noch etwas Pulver für einen letzten Angriff zurückhalten muss.

Die Schotterpiste macht eine Kurve nach links, und da kommt der Zielbogen in Sicht. Dort, das Schild für die letzten 150 Meter! Teuns setzt sich wieder hin und schraubt das Tempo noch einmal hoch, will die letzten ansteigenden Meter bis ins Ziel wegkeulen. Er ist jetzt *in the zone*, seine Siegermentalität hat die Oberhand gewonnen. Mit allerletzter Kraft presst er sich im Wiegetritt noch einen Sprint aus den Beinen. Als er zum x-ten Mal über die Schulter schaut, sieht er, dass der schwankende Ciccone zurückfällt. Das Seil ist gerissen, Ciccones Widerstand endgültig gebrochen. Aus zwei Metern werden vier Meter. Aus vier Metern werden acht Meter. Mit weit offenem Trikot und hin und her schlingerndem Oberkörper schleppt Teuns sich und sein Rad bis an den Zielstrich. Voller Unglauben schüttelt er den Kopf. Nur noch ein paar Meter, dann hat er den größten Erfolg seiner Karriere eingefahren.

Knapp vier Monate später läuft Lies Hoeyberghs über die Schotterwiese auf dem Gipfel der Super Planche des Belles Filles. Seit Minuten schaut sie auf den Bildschirm ihres Handys, und auf den Bewegtbildern dort sieht sie, wie ihr Freund die Hände in die Luft reckt, nachdem er die Ziellinie als Sieger überquert hat. Wenig später lässt er sich rücklings ins Gras fallen. Seine Lungen pumpen, und sein Brustkorb hebt und senkt sich nach der abartigen Anstrengung, die nötig war, um Giulio Ciccone zu schlagen. Ein breites Lächeln ist in sein Gesicht gemeißelt. Der

Unglaube, es tatsächlich geschafft zu haben, ist purer Freude gewichen. Während sie immer noch auf ihr Handy starrt, fragt Lies laut, wo genau er im Gras gelegen hätte. Eine Antwort erhält sie nicht.

„Einen Monat nach dem Ende der Tour hatte ich die Idee, noch mal mit Lies nach La Planche zu fahren", erzählt Teuns. „Bei meinem Etappensieg hat sie es nicht bis ins Ziel geschafft. Zusammen mit meinen Eltern hatte sie sich am Anfang der Schotterpassage platziert, auch weil dort eine große Leinwand aufgestellt war, auf der man das Rennen verfolgen konnte.

Normalerweise sind wir nach Saisonende immer in den Urlaub gefahren, aber dieses Mal hatte ich nichts gebucht. Ich sagte zu Lies: ‚Lass uns für ein paar Tage in die Vogesen fahren, in ein schönes Hotel mit Wellnessbereich. Wir können dort entspannen, und dann möchte ich einen Tag nutzen, um nach La Planche zurückzukehren. Ich möchte den Anstieg noch einmal fahren, um alles noch einmal zu erleben. Bei der Tour gab es so viele Emotionen. Ich möchte es einfach noch einmal in Ruhe machen, ohne Publikum.' Lies gefiel die Idee."

Ende Oktober 2019 machen sich die beiden mit dem Auto von Flandern aus auf den Weg in die Vogesen. Teuns' Rennrad fährt im Kofferraum mit. „Die Idee war, dass ich mit dem Rad hochfahre und Lies im Auto hinter mir her. An dem besagten Tag war das Wetter dann einfach schlecht. Es regnete, und ich verwarf den Gedanken, das Rad zu nehmen. Stattdessen fuhren wir gemeinsam mit dem Auto hinauf und parkten kurz vor der Stelle, an der der Asphalt in Schotter übergeht; in etwa dort, wo Lies und meine Eltern gestanden hatten. Inzwischen regnete es zwar nicht mehr, aber es war immer noch neblig.

Wir stiegen aus und schauten uns auf dem Handy den letzten Kilometer der Etappe an, den Teil, den Lies an diesem Tag nicht mit eigenen Augen hatte sehen können. Dann sind wir bergauf gelaufen. Zwischendurch haben wir immer wieder angehalten, um uns die Bilder anzuschauen und um zu sehen, wo genau ich mich befand. Ich war angespannt, und zwar von dem Moment an, als wir vom Hotel weggefahren waren. Als wir den Gipfel erreichten, ließ ich mich etwas zurückfallen. Als sie fragte, wo ich mich ins Gras gelegt hätte und keine Antwort bekam, drehte sie sich um und konnte kaum glauben, was sie da sah ... "

Der Überlieferung nach waren in Plancher-les-Mines in grauer Vorzeit, während des Dreißigjährigen Krieges (1618-1648), schwedische Söldner stationiert, die es auf die Frauen des Dorfes abgesehen hatten. Aus Angst, den marodierenden Nordmännern zum Opfer zu fallen, flüchteten die Frauen in den Wald und kletterten den Berg hinauf. Doch als sie den Gipfel erreicht hatten, saßen sie in der Falle. Die Verzweiflung war so groß, dass sie keinen anderen Ausweg sahen, als sich in den Abgrund zu stürzen und einen schrecklichen Tod zu sterben. Dieser Tragödie „verdankt" La Planche des Belles Filles seinen Namen. Der Berg der schönen Mädchen.

Nach seinem ersten Etappensieg fügt Dylan Teuns der Geschichte dieses Vogesenanstiegs ein neues schönes Kapitel hinzu, indem er vor seiner persönlichen *belle fille* niederkniet. „Ich hatte immer die Vorstellung: Wenn ich meine Freundin frage, ob sie mich heiraten will, dann an einem besonderen Ort und nicht einfach irgendwo. Inzwischen waren wir schon lange zusammen, und ich dachte, dass es Zeit für den nächsten Schritt war. Lies ist die starke Frau hinter meinem Erfolg. Als ich anfing, mir Gedanken über einen besonderen Ort zu machen, fiel die Wahl schnell auf La Planche.

Alles war schon im Vorfeld arrangiert. Ich hatte bei meinem Schwiegervater um die Hand seiner Tochter angehalten und auch einen Ring gekauft, den ich die ganze Zeit in meiner Tasche trug. Als Lies sich umdrehte, kniete ich bereits und machte ihr einen Heiratsantrag. Ich bin kein Mann der großen Töne. Ich kam direkt zur Sache und fragte sie, ob sie mich heiraten wolle. Lies sagte ja und war völlig baff. Sie hatte geglaubt, wir würden den ganzen Tag damit verbringen, meinen Sieg noch einmal zu erleben! Mit einem Heiratsantrag hatte sie nicht einen Moment lang gerechnet."

Genau ein Jahr nach dem Heiratsantrag und zwei Tage nach der gesetzlichen Trauung feiern Dylan Teuns und Lies Hoeyberghs ihren Hochzeitstag.

Im Jahr 2022 kehrt das Paar erneut in die Vogesen zurück, wieder ist die Super Planche des Belles Filles Zielankunft einer Etappe. Teuns ist wieder in der Ausreißergruppe vertreten, seine Frau stellt sich wie schon 2019 an den Beginn des Gravel-Abschnitts. Aber Teuns hat an diesem Tag nicht die Beine von vor drei Jahren, er wird 41. in der Tageswertung.

Im Frühjahr 2023 kommen die beiden dann zu dem Schluss, dass sie sich zu sehr auseinandergelebt haben, und geben ihre Trennung bekannt. Für Teuns schmälert das weder ihre besondere Beziehung noch die schönen Erinnerungen an den Anstieg. „Das Ende einer Beziehung tut immer weh, aber wir haben uns im Guten getrennt. Lies war zwölf Jahre lang mein Fels in der Brandung. Die Erinnerungen, die wir miteinander haben, kann man nicht einfach vom Tisch wischen. Sie sind für immer."

mike teunissen

IM SPRINT ZUR ÜBERRASCHUNG

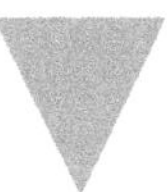

Schon im Alter von acht Jahren versicherte Mike Teunissen jedem, der es hören wollte, dass er einmal Radprofi werden würde. Für ihn war der Radsport das Beste, was es gab, nichts ließ sich damit vergleichen. Jedes Wochenende fuhr er irgendwo auf dem Land ein Cyclocross-Rennen – dank seiner Eltern, die ihn überallhin mitnahmen. Bei dem kleinen Mike kam die Leidenschaft für diesen Sport nicht von ungefähr: Sein Großvater war Rennradfahrer gewesen, und auch sein Vater war dem Radsport zugetan. Zu Hause in Ysselsteyn in Limburg liefen ständig Radsportrennen im Fernsehen.

Schon in sehr jungen Jahren wurde Mike bewusst, dass die Tour de France ein besonders großes Ereignis war. Vor allem, als er 2004 mit der Jugendabteilung des Schijndeler Radsportclubs den Start in Lüttich verfolgte und mit eigenen Augen die Werbekarawane, die Fahrer und die vielen Zuschauer am Straßenrand sah. Und er registrierte, dass der Fahrer mit dem Gelben Trikot der wichtigste Mann des Rennens war. In jenen Jahren hatte Lance Armstrong ein Dauerabonnement auf das Maillot Jaune, der US-Amerikaner und ewige Rivale von Jan Ullrich. Letzterer wurde im Hause Teunissens stets mit angefeuert, weil er der Außenseiter war. Doch immer wieder war es der Amerikaner, der nach drei Wochen in Gelb in die französische Hauptstadt einfuhr.

Nur in den ersten eineinhalb bis zwei Wochen kamen auch mal andere Fahrer in das Vergnügen, das begehrte Trikot des Gesamtführenden zu tragen. Italiener, Deutsche, Spanier, Belgier, Australier, Schweizer, Norweger – der Patron gestattete ihnen, entweder für ein paar Tage oder aber auch nur für 24 Stunden „sein" Maillot Jaune überzustreifen. Bis der Texaner meinte, nun sei es genug, und er die Zügel fest in die Hand nahm. Und unter diesen Trikotträgern von Armstrongs Gnaden befand sich einfach nie ein Niederländer. Das Bild von Armstrong als dominierendem Fahrer war derart einprägsam, dass sich der junge Teunissen gar nicht fragte, warum denn niemals ein Niederländer das Gelbe Trikot trug. Das war im Übrigen auch nicht verwunderlich. Als Erik Breukink am 1. Juli 1989 den Prolog in Luxemburg gewann und der letzte Holländer war, der in Frankreich die Gesamtwertung anführte, war Teunissen, Jahrgang 1992, noch nicht einmal geboren.

Viele Jahre später, genauer gesagt im Jahr 2019, hatte sich für Breukink immer noch kein Nachfolger gefunden. In der Zwischenzeit hatten viele Niederländer eine Etappe der Grande Boucle gewonnen, die aber weder zu den besten Kletterern noch zu den schnellsten Sprintern im Feld gehörten. Die „Gelb-Dürre" hielt nun schon drei Jahrzehnte an. Doch es gab einen Hoffnungsschimmer am Horizont. Mit Dylan Groenewegen verfügten die Niederlande zum ersten Mal seit Jahren wieder über einen Topsprinter in den eigenen Reihen. Der „Speed-Demon" von LottoNL-Jumbo hatte 2017 sein Tour-Debüt gegeben und ausgerechnet auf den Champs-Elysées, dem prestigeträchtigsten Sprint des Jahres, seinen ersten Etappensieg eingefahren. Bei seiner nächsten Teilnahme im Jahr 2018 hatte er sogar zweimal zugeschlagen.

Am Vorabend seines dritten Frankreich-Abenteuers, das mit einem Grand Départ in Belgien begann, bot sich ihm eine einmalige Gelegenheit. Das Ziel der ersten Etappe lag auf der Koninklijke Parklaan in Brüssel, ganz nach dem Geschmack der Sprinter. Groenewegen hatte inzwischen den „Gipfel des

Affenfelsens" erklommen und galt als einer der großen Favoriten für den Sieg und damit auch für das erste Gelbe Trikot.

In den Wintermonaten vor der neuen Saison hatte Groenewegen einen neuen Anfahrer zur Seite gestellt bekommen. Mike Teunissen hatte seinen großen Tönen, die er als Kind gespuckt hatte, Taten folgen lassen und war 2015 Profi bei LottoNL-Jumbo geworden. Nach zwei Saisons beim Team Sunweb kehrte er Anfang 2019 an die alte Wirkungsstätte zurück. Er war von Jumbo-Visma (dem Nachfolger von LottoNL-Jumbo) als eine der Speerspitzen für die Frühjahrsklassiker rekrutiert worden, aber auch, um Groenewegen regelmäßig als *partner in crime* zu helfen. Als wichtigstes Glied im Sprinterzug der Amsterdamer Sprintergranate, zu dem auch der Norweger Amund Grondahl Jansen, der Zeitfahrspezialist (und vor allem im angelsächsischen Raum ehrfurchtsvoll „Panzerwagen" genannte) Tony Martin und zeitweise der belgische Klassikerspezialist und Allrounder Wout van Aert gehörten.

„Wir hatten ein Gesamtpaket für das ganze Jahr", sagt Teunissen rückblickend. „Wenn ich mit Dylan gefahren bin, haben wir den Sprint zusammen bestritten. Manchmal gab es auch Ankünfte, die einfach zu knifflig für ihn waren, dann bekam ich meine Chance. Ich erinnere mich, dass Dylan bei seinem ersten Rennen in jenem Jahr auf Anhieb gewonnen hat, obwohl ich gar nicht am Start war. Einfach, weil er der Schnellste von allen war. Dabei hatte er nicht einmal den besten Sprinterzug. Ich wusste: Wenn wir erst in Bestbesetzung antraten, konnte es nur noch besser werden."

So kam es dann auch. Bei der Algarve-Rundfahrt, bei Paris-Nizza (zweimal) und bei den Drei Tagen von Brügge-De Panne gingen Teunissen und Groenewegen gemeinsam an den Start, und im Ziel wurde Kasse gemacht. Nach den Kopfsteinpflasterklassikern – bestes Ergebnis war ein siebter Platz bei Paris-Roubaix – begann Teunissen mit der Vorbereitung auf den zweiten Teil seiner Saison, die Tour de France fest im Blick. Und vor allem die erste Etappe.

„Dann hieß es: Welche Sprinter sind am Start? Wie genau sieht die Zielankunft in Brüssel aus? Und wie gelingt es uns, dort so gut wie möglich abzuschneiden? Ich war oft mit Dylan auf einem Zimmer, auch beim Höhentrainingslager, damit wir uns besser kennenlernen und aufeinander einspielen konnten. Natürlich haben wir manchmal über die Tour gesprochen, aber es war nicht so, dass ich die ganze Zeit gesagt habe: ‚Die erste Etappe am 6. Juli gehört dir!' Das war eher eine Sache zwischen Dylan und dem Sportlichen Leiter Merijn Zeeman, der gleichzeitig sein Trainer war. Zeeman versuchte, ihn noch zusätzlich zu motivieren, indem er ihm gelegentlich Nachrichten mit diesem Datum schickte."

Nach dem erfolgreichen Frühjahr lief der Sprintzug von LottoNL-Jumbo bei den Vorbereitungsrennen auf das Ziel in Brüssel auf Hochtouren. Bei den Vier Tagen von Dünkirchen gewann das Duo Groenewegen-Teunissen fünf der sechs Etappen; die ersten drei gingen an den Topsprinter, die letzten beiden an seinen treuen Helfer. Exemplarisch für die Überlegenheit war die letzte Etappe mit Ziel in Dünkirchen.

„Ich habe wie immer einen Vorsprung herausgefahren und bin in den Sprint gegangen, damit Dylan 200 Meter – so wie immer – vor dem Ziel aus meinem Windschatten gehen und sein Ding bis ins Ziel durchziehen konnte. Sprinten nach Lehrbuch, das gefiel ihm. 200 Meter vor der Ziellinie schaute ich also zurück, aber da war niemand mehr. Ich wusste nicht, was passiert war, also bin ich voll weitergefahren. Dylan dachte, er hätte einen Platten. Also entschied er sich, eine Lücke reißen zu lassen, und so bekam ich etwas Vorsprung auf die Meute. Bei 100 Metern sah ich die Sprinter dann aufkommen, und bei 50 Metern wusste ich, dass sie mich nicht mehr einholen würden. Dann hieß es Hände in die Luft. Dylan schließlich sprintete dann doch noch mit, er wollte schauen, ob der Reifen hielt. Das war dann auch der Fall, und er war nach mir immer noch der Schnellste. Wir sind also Erster und Zweiter geworden. Das gab ein schönes Zielfoto."

Teunissen beendete das französische Etappenrennen sowohl als Sieger der Gesamtwertung als auch der Punktewertung. Einen Monat später gewann er auch die ZLM-Tour, die allgemein als Generalprobe für die Sprinter gilt, die an der Frankreichrundfahrt teilnehmen. Groenewegen war zweimal der Stärkste im Massensprint, womit er insgesamt zehn Siege in der Saison verbuchen konnte.

„In dieser Phase hat alles gepasst. Wir wussten, dass wir in beiden Rennen nicht die stärksten Gegner hatten, aber was wir gemacht haben, sah gut aus. Bei der Tour gab es mehr Konkurrenz, und es würde noch härter werden, aber das Spiel war im Grunde das gleiche. Dylan und ich wussten, was wir zu tun hatten, und die Abstimmung mit Amund und Tony klappte sehr gut. Wir waren in einem Flow, und das gab uns viel Selbstvertrauen."

Nach diesen Wettkämpfen und dem anschließenden Höhentrainingslager feilte Teunissen in den letzten Wochen vor dem Grand Départ in Brüssel zu Hause an seiner Form. Der unangenehme, aber wichtigste Teil seines Programms waren die Sprinttrainingseinheiten. Wenn am nächsten Tag ein solches Training angesetzt war, entschuldigte er sich schon im Voraus bei seiner Freundin, weil er bestimmt übellaunig sein würde.

„Dann sagte ich zu ihr: ‚Wenn ich heute Abend oder morgen früh schlechte Laune habe, du weißt, woran es liegt.' Ich habe mich immer davor gescheut, weil ich wusste, dass es wehtun würde. Das Training bestand aus einer Reihe von Sprints in schneller Folge. Dylan hat dasselbe Training absolviert, obwohl es bei ihm mehr darum ging, seine Leistungsspitzen, also die Endgeschwindigkeit, zu verbessern, während sich bei mir alles um die Kraftausdauer drehte. Ich musste in der Lage sein, einen Sprint so lange wie möglich durchzuhalten. Deshalb habe ich diese Einheiten oftmals auf flachen Strecken abgespult. Von meinem Heimatort Rosmalen fuhr ich 50 Kilometer zu meinen Eltern nach Ysselsteyn. Mein Vater schnappte sich seinen *brommer,* der es immerhin auf 70 Sachen brachte, und wir fuhren die Sprints.

Manchmal trafen wir uns auch auf halber Strecke. Dann fuhr ich hinter dem Moped her und ging zwischendurch immer mal aus dem Windschatten, um an ihm vorbeizusprinten."

Manchmal trainierte Teunissen, wie übrigens auch Groenewegen, auf einem Viadukt, das sich ganz in der Nähe befand. Dann machte er sich ohne seinen Vater auf den Weg. „Die Maasbrücke bei Ravenstein war mein Favorit. Das war ein Sprint von genau einer Minute. Normalerweise hielt ich es nicht bis zum Ende durch, aber das musste ich auch nicht. Es ging nur darum, so lange zu sprinten wie irgend möglich. Dann drehte ich mich um und wiederholte das Ganze. Und dann noch einmal."

Man könnte es damit vergleichen, mit Vollgas die Treppe hoch und runter zu rennen, bis man nicht mehr kann. Wenn Sie an dem Punkt angelangt sind, an dem Sie aufhören wollen, an dem Ihr ganzer Körper erschöpft ist, machen Sie noch einen Durchgang. Und dann schauen Sie mal, wie es Ihnen geht. Es fühlt sich wirklich fies an. Das Laktat – die Milchsäure, die in den Muskeln freigesetzt wird, wenn sie eine Sauerstoffschuld eingehen – zirkuliert dann überall in Ihrem Körper. „Ich absolvierte fünf Sprints mit zu wenig Erholungszeit dazwischen. Der Trick besteht darin, sich noch ein letztes Mal völlig zu verausgaben, obwohl man schon total übersäuert ist – ich trainierte also so lange, bis ich vom Rad fiel und kotzen musste. Als ich fertig war, bin ich mit 20 Stundenkilometern nach Hause geeiert. Schneller ging es einfach nicht mehr, ich war völlig hinüber. Der Körper hatte buchstäblich einen Schock davongetragen. Aber auch wenn es furchtbar war, so war der Reiz doch da. Es war schon ein gutes Gefühl, wenn ich gesehen habe, dass ich meine besten Wattzahlen treten konnte, auch wenn ich nicht blind darauf gestarrt habe. Letztendlich drehte sich alles um den 6. Juli."

Einige Tage vor dem großen Ereignis bezogen Teunissen und seine Jumbo-Kollegen ihr Quartier im Hotel Van der Valk in der Nähe des Brüsseler Flughafens. Wie üblich teilte er sich mit Groenewegen das Zimmer. Neben den üblichen Klamotten hatte der Sprint-Kapitän auch seine Playstation mitgebracht. Trotz der Teambesprechungen, der Streckenerkundung und der Teampräsentation gab es viel Zeit, die es totzuschlagen galt. Sie schoben also die beiden aneinander gestellten Einzelbetten auseinander und zockten wie die Besessenen FIFA.

„Merijn schaute ab und zu im Zimmer vorbei. Dann sprachen wir kurz über den Sprint am ersten Tag, aber nichts Konkretes. Als ich bei der ersten Erkundung die letzten Meter dann mit eigenen Augen sah, dachte ich: Oje, das ist härter als erwartet. Für Dylan war es perfekt. Es war wie ein langes Viadukt, und er hatte es schon Tausende Male einstudiert. Vor dem Sprint ging es ein bisschen zu wie auf einem Rummelplatz, da warteten einige Kurven, wo wir nicht abreißen lassen durften.

Dylan hatte eine klare Vorstellung vom Finale: Es würde wie immer hektisch werden, also wollte er rechtzeitig vorne sein, um nicht im Gewusel festzustecken. Wir mussten auch dafür sorgen, dass er noch genügend Helfer um sich herum hatte. Vor allem durften wir unsere Pulver nicht zu früh verschießen, schließlich wussten wir ziemlich genau, an welchen Stellen sich noch Lücken auftun würden. Wenn das mit Tony, Wout und Amund klappte, konnten wir unser Ding durchziehen, mit dem besseren Ende für uns, denn das war schon die ganze Saison so gewesen. Aufgrund unserer bisherigen Ergebnisse waren wir sehr zuversichtlich."

Selbst in der Nacht vor dem Rennen waren Teunissen und Groenewegen mehr damit beschäftigt, FIFA zu zocken, als zum x-ten Mal in Gedanken über die Ziellinie zu fahren. „Das war auch nicht nötig. Wir hatten seit Mai auf diese Etappe hingearbeitet und wussten alle, was wir zu tun hatten. Natürlich war die Anspannung greifbar. Sie hatte sich vor allem in den letzten Tagen aufgebaut, sowohl innerhalb des Teams als auch gegenüber der Welt da draußen. Dylan ist ziemlich introvertiert und nicht ganz leicht zu durchschauen, aber ich habe gemerkt, dass dies ein ganz besonderer Tag für ihn war. Von daher war es besonders wichtig, ruhig zu bleiben und uns nicht gegenseitig in den Wahnsinn zu treiben. Es war also besser, an der Playstation zu daddeln, anstatt alle Nachrichtenseiten zu durchforsten. Manchmal haben wir es dennoch getan, und ich habe einen Beitrag gelesen, in dem es hieß, dass Dylan einer der Favoriten sei. ‚Guck mal hier: Da steht GROSSER Favorit', sagte ich dann, aber es diente hauptsächlich dazu, um ein wenig darüber zu lachen. Gleichzeitig machten uns solche Momente aber auch klar, dass es am nächsten Tag wirklich um die Wurst ging. ‚Vielleicht hängt morgen das Gelbe Trikot in diesem Raum', sagten wir uns."

Wie erwartet endete die erste Tour-Etappe von und nach Brüssel in einem Massensprint. Das war unumgänglich, nachdem das Ausreißer-Quartett nach der berüchtigten Muur van Geraardsbergen und dem legendären Bosberg rechtzeitig eingeholt worden war. Im Finale kam es dann zu einer Art Sturmlauf in Richtung Zentrum der belgischen Hauptstadt. Die Sprinterzüge und die Helfer der Klassementfahrer rangelten um die besten Plätze an der Spitze des Pelotons. Es ging darum, sich auf den letzten Kilometern in eine aussichtsreiche Position zu manövrieren, aber auch darum, das Risiko bei Stürzen zu minimieren, denn die würde es unweigerlich geben.

„Nach diesen beiden Anstiegen ging es mit Vollgas zurück in die Stadt. Ab da wurde es hektisch und stressig. Ich war mittendrin im Geschehen. Besonders an der Stadtgrenze ging es mächtig zur Sache. Leider hatten wir uns auf den letzten Kilometern ein bisschen zu weit nach hinten abdrängen lassen. Zu diesem Zeitpunkt hatten wir das Rennen aber noch im Griff. Wir fuhren mit Tony, Wout, Amund, Dylan und mir zusammen und waren noch frisch genug, um nach vorne zu fahren.

1,5 Kilometer vor dem Ziel stürzte ein Fahrer von EF Education First, der sich inmitten des Pelotons befand. Ich konnte ihm gerade noch ausweichen, aber hinter mir krachte es. Bis dato war Dylan an meinem Hinterrad gewesen, aber als ich mich umdrehte, war er plötzlich nicht mehr da. Deshalb dachte ich, er sei gestürzt, aber ich war mir nicht sicher. Am Straßenrand brüllten so viele Leute, dass ich über meinen Ohrhörer keine Infos vom Teamfahrzeug verstehen konnte. Die Abmachung für so einen Fall lautete: Dylan würde versuchen, wieder heranzukommen, und mir Bescheid geben, wenn er wieder da war."

Da Teunissen nicht sicher war, ob Groenewegen gestürzt war, tat er das, was er immer tat, um sich auf den Sprint vorzubereiten: Er positionierte sich irgendwo weit vorn im Feld. 800 Meter vor der Ziellinie befand sich Teunissen an Position 20, auf der linken Seite der Koninklijke Parklaan.

„Als Anfahrer ist man immer bei seinem Kapitän, und ich fuhr immer noch so, als ob Dylan an meinem Hinterrad kleben würde. Die Straße machte eine leichte Kurve nach rechts. Das war der kürzeste Weg zum Ziel, und so versuchten alle Fahrer, auf dieser Seite eine Lücke zu finden. Ich wusste, dass es dort eng werden und sich für einige Sprinter die Tür schließen würde. Also musste es über die linke Straßenseite klappen, auch wenn ich dort durch den Wind musste und es mehr Kraft kostete. Doch ich musste zu diesem Zeitpunkt einfach mehr investieren als die anderen.

Ich schaute noch einmal zurück und sah immer noch niemanden in einem gelb-schwarzen Jumbo-Trikot. Doch in meinem Kopf stellte ich mir vor, dass ich plötzlich Dylan hören würde und einen *lead out* machen müsste. Dass er plötzlich schreien würde: ‚Ja, ich bin hier!' Ich würde seine Stimme immer erkennen; zwischen uns genügte oft schon ein Wort, damit wir uns verstanden. In der Zwischenzeit scherten vor mir mehrere Fahrer aus, und ich merkte, dass die Ouvertüre zum Sprint schon ziemlich anstrengend war. Das Tempo wurde etwas gedrosselt, so als ob alle vor dem finalen Sprint noch einmal Luft holen müssten. Ich hatte eigentlich noch gar nichts gemacht und reihte mich in die Gruppe der vorderen Fahrer ein. Das ging ganz leicht, weil alle schon ziemlich am Limit waren."

Teamkollege van Aert fuhr noch vor Teunissen, aber der Belgier hatte bereits seinen Teil der Arbeit erledigt und konnte nicht mehr viel für den Niederländer tun. Derweil rückte die Ziellinie immer näher; es waren nur noch 400 Meter bis zum Zielstrich.

„Als ich an seinem Rad war, rief ich Wout zu, er solle den Sprint anziehen, aber er hatte nicht die Beine dazu. Dann bin ich ziemlich flott an Wout vorbei. Es war eher so ein bisschen Freestyle."

Es ging dann alles so schnell, dass ich nicht einmal Zeit zum Nachdenken hatte – schon war ich im Sprint. Alles, was ich wollte, war: so wenig im Wind fahren wie möglich und das bestmögliche Ergebnis erzielen. Wenn ich Vierter oder Fünfter werden würde, wäre das schon sehr gut.

Bei 250 Metern hatte ich das Hinterrad von Sonny Colbrelli. Wenig später setzte er zum Sprint an, ebenso wie Peter Sagan und Giacomo Nizzolo. Die fuhren alle rechts von mir. Nach Colbrellis Antritt merkte ich, dass ich schneller fahren konnte. Ehe ich mich versah, fuhr ich fast neben Sagan. ‚Scheiße, ich bin schneller als er, und vor uns ist niemand mehr', dachte ich mir. Im nächsten Moment sah ich, wie die Ziellinie rasend schnell näherkam, und mir wurde klar, dass ich ihn noch überholen konnte. Ich schloss die Augen und setzte zum Tigersprung an. Als ich die Augen wieder öffnete, hatten wir die Linie überquert. Ich schaute Sagan von der Seite an, und er schaute mich an. Wahrscheinlich dachte er, Groenewegen hätte ihn geschlagen. Oder er hatte erkannt, dass da gar nicht Groenewegen neben ihm war, und dachte: ‚Wer bist du überhaupt?!' Haha, er hätte wohl nie gedacht, dass er von mir geschlagen werden würde. Ich habe gesehen, dass Sagan den Sieg nicht für sich beansprucht hat, immer ein gutes Zeichen. Ich nahm also an, dass ich gewonnen hatte, aber ich war mir nicht sicher. Alles, was ich dachte, war: Verdammt, der Sprint war echt mal bombig! Doch was ich tatsächlich geschafft hatte, war im Prinzip dasselbe wie beim Training auf der Maasbrücke: Maximalbelastung von knapp unter einer Minute. An die Schmerzen dort kann ich mich noch gut erinnern, aber als ich in Brüssel die Ziellinie überquerte, spürte ich überhaupt nichts. Das war etwas ganz Besonderes. Vor allem, wenn man weiß, wie kaputt man von so einem Sprint sein kann. Ich hatte einen Puls von 185 und hechelte wie nur was, aber es war nicht so, dass ich vom Rad steigen oder mich übergeben musste. Ich war bis obenhin voll mit Adrenalin und Euphorie. Das war ein Szenario, mit dem ich nie gerechnet hatte."

Teunissen ließ sich zum Jumbo-Visma-Bus rollen, an dem es aber noch verhältnismäßig ruhig zuging. Und das, obwohl der Sieger einer Tour-Etappe normalerweise von Horden von Kamerateams belagert wird, nur gestört von einem Kokon an Mitarbeitern der Tour-Organisation, die versuchen, so etwas wie Ordnung in das Chaos zu bringen.

„Habe ich doch nicht gewonnen?, schoss es mir durch den Kopf. Es fühlte sich ein bisschen wie eine Antiklimax an. Dann kamen einige Leute von der Tour-Organisation und blieben bei mir, wodurch mir klar wurde, dass es knapp war. Der NOS-Reporter Han Kock war inzwischen an unserem Bus angekommen, aber auch er war sich noch nicht sicher. Aber wenig später war er es. Ich hatte gewonnen! Ehe ich mich versah, wurde ich zum Podium gezerrt, und los ging der ganze Zirkus. Noch bevor es zur Siegerehrung ging, musste ich dieselbe Geschichte bestimmt vierzigmal wiederholen, weil mir immer wieder ein Mikro unter die Nase gehalten wurde.

Später, als ich auf dem Podium stand, hatte ich zum ersten Mal seit dem Zieleinlauf einen Moment für mich. Ich dachte: Hier stehe ich, ich habe es geschafft! Das war großartig. Vor allem, als ich das Gelbe Trikot von Eddy Merckx überreicht bekam. Vor und nach der Zeremonie haben wir kurz hinter den Kulissen geplaudert, es war sehr nett. Wir haben über das Finale gesprochen, und Merckx sagte, ich sei einen tollen Sprint gefahren. Auf dem Handy unseres Pressesprechers konnte ich dann zum ersten Mal das Finale ansehen. Aber so schön das alles auch war, diesen wirklich euphorischen Moment nach einem Sieg hatte ich nur teilweise gespürt. Er war weniger intensiv, eher etwas gedämpft."

Dreißig Jahre nach Erik Breukink hatten die Niederlande endlich wieder einen Fahrer in Gelb, und zwar einen, den zuvor niemand auf der Rechnung hatte – und das mit einem Vorsprung von nur acht Zentimetern auf Peter Sagan. Nachdem alle Formalitäten erledigt waren, stieg Teunissen in einen Bus des Teams, der ihn fast zwei Stunden nach seinem Sieg zurück ins Hotel brachte. Auf dem Beifahrersitz war er hier für einen Moment dem Tohuwabohu entflohen, in dem er sich gerade befunden hatte. Schnell würgte er eine Mahlzeit hinunter. Trotz des ganzen Trubels waren seine Gedanken immer wieder bei Groenewegen. Kurz nach der Zielankunft hatte er erfahren, dass sein Kapitän zwar gestürzt war, sich aber wahrscheinlich nichts gebrochen hatte.

„Als ich wieder im Hotel war, ging ich auf unser Zimmer. Kurz bevor ich hineingehen wollte, dachte ich noch: ‚Jetzt begegne ich Dylan zum ersten Mal nach diesem Sprint. Das ist mal ein Moment.' Nur stellte sich heraus, dass er nicht auf dem Zimmer war; ich traf Dylan dann etwas später bei der Massage.

Was mir immer gefallen hat, war die Kommunikation zwischen uns: Es bedurfte nur weniger Worte, damit wir uns verstanden. So war es auch jetzt. Wir konnten uns leicht in das jeweilige Gegenüber hineinversetzen. ‚Glückwunsch! Das war wirklich ein ordentlicher Sprint', sagte Dylan. Er freute sich aufrichtig für mich, was schön war. Trotzdem hatte ich gemischte Gefühle, ich fühlte mich furchtbar für ihn. Dennoch hatte ich nicht das Gefühl, mich besonders zurückhalten zu müssen. Es war nicht das Szenario, das wir angestrebt hatten, und für ihn war es echt blöd gelaufen, aber trotzdem hatte ich eine sehr gute Leistung abgeliefert. Ich hatte das Gefühl, dass ich glücklich sein durfte, auch wenn er gestürzt war. Und hätte Dylan sich vorher für einen der anderen 175 Fahrer entscheiden müssen, der außer ihm hätte gewinnen sollen, hätte er sich wohl für mich entschieden."

So bewahrheiteten sich die Worte vom Vorabend doch noch, und das Gelbe Trikot zierte ihr Hotelzimmer. Ebenso wie das Grüne Trikot des Punktbesten, das Teunissen ebenfalls errungen hatte. Beide Leibchen hingen über dem Fernseher, auf dem sie ihre FIFA-Partien gespielt hatten.

„Diese Nacht war ein Drama. Wir waren beide unruhig und wälzten uns in unseren Betten. Ich bemerkte, dass es Dylan nicht gut ging, und ich selbst durchlebte noch einmal alles, was an diesem Tag geschehen war. Oder besser gesagt, ich verarbeitete all das Brimborium vor und nach der Siegerehrung. Zwischendurch poppten immer wieder Erinnerungsbruchstücke vom Sprint auf: ‚Oh, ich überhole Colbrelli. Das ist Sagan, da ist schon die Ziellinie!' Normalerweise denkt man viel darüber nach, wie man das alles geschafft hat, aber jetzt war so viel mehr auf mich eingeprasselt, dass ich gar nicht mehr daran gedacht hatte."

Nach dieser durchwachsenen Nacht musste Teunissen am nächsten Tag wieder seinen Mann stehen. Diesmal stand ein Mannschaftszeitfahren in Brüssel an. Eine sehr wichtige Etappe für Jumbo-Visma, für die die verschiedenen Experten des Teams sehr viel Zeit investiert hatten. Für den gebürtigen Limburger war die Tour zwar schon jetzt ein Riesenerfolg, aber als ein Teil der Equipe im Kampf gegen die Uhr hatte er eine wichtige Rolle inne. Dass er das Gelbe Trikot trug, wurde zur Nebensache.

„Dieses Mannschaftszeitfahren war für unser Team vielleicht noch wichtiger als die erste Etappe. Ich spürte zwar noch die Euphorie, aber auch den Stress. Der Tag zuvor war sehr lang gewesen, und ich hatte schlecht geschlafen. An diesem Morgen wurde mir wieder viel Aufmerksamkeit zuteil, aber oft dachte ich: ‚Ich muss nachher noch Leistung abliefern. Weh mir, wenn ich versage.' Das ist das Letzte, was man bei einem Mannschaftszeitfahren erleben will.

Glücklicherweise lief es sowohl für das Team als auch für mich gut. Amund hat vom Start weg die Führung übernommen, und ich war an Position zwei und habe dann übernommen. In all der Euphorie habe ich dabei so viel Gas gegeben, dass Amund sofort alles aus sich herausholen musste, um nicht den Anschluss zu verlieren, als er sich wieder hinten einsortierte. Vor der Spanien-Rundfahrt 2022, die mit einem Mannschaftszeitfahren in Utrecht begann, schickte uns Mathieu Heijboer (der Aerodynamik- und Zeitfahrguru bei Jumbo-Visma) zur Motivation jene Aufnahmen von vor drei Jahren in Brüssel. Auf dieser Aufnahme konnte man sehen, wie hart ich meine erste Passage vorn im Wind angegangen bin. Unter anderem deshalb zogen wir sofort davon, und etwa nach der Hälfte der Strecke hörten wir, dass wir ordentlich Vorsprung hatten. Wir wussten, dass wir gewinnen würden, wenn wir unser Ding durchzogen. Und es klappte. Im Ziel war ich dann viel euphorischer als am Tag zuvor. Die Tatsache, dass wir gemeinsam gewonnen hatten, hat das Ganze noch viel schöner gemacht. Und als Bonus durfte ich einen weiteren Tag das Gelbe tragen."

Auf den Hügeln der Champagne im Finale der dritten Etappe nach Épernay fanden für Teunissen 48 unvergessliche Stunden im Maillot Jaune schließlich ein Ende. Selbst als er das Peloton ziehen lassen musste und wusste, dass er sein Trikot verlieren würde, verstand er immer noch nicht so recht, wie das alles passieren konnte. Der unerwartete Erfolg war buchstäblich über ihn hereingebrochen.

Vier Tage später revanchierte sich Groenewegen für den unglücklichen Sturz während der Auftaktetappe und sprintete in Chalon-sur-Saône zum Sieg – dank seines Anfahrers, der zwei Wochen später an Position 101 der Gesamtwertung in Paris ankam. Nach der Tour war Teunissen einer der großen Publikumsmagneten bei den traditionellen Kriterien – den sogenannten Kirmesrennen einmal rund um Kirche und Friedhof – in seinem Heimatland.

Diesmal ließ ein niederländischer Nachfolger in Gelb nicht so lange auf sich warten. Zwei Jahre nach dem Paukenschlag in Brüssel hatte Mathieu van der Poel an der Mûr de Bretagne seine Sternstunde – Teunissen war es recht, er hatte seine gehabt. Als bleibende Erinnerung wählte er ein Bild von sich im Gelben Trikot als Profilbild für sein WhatsApp-Konto. In den letzten Jahren hat er gelegentlich darüber nachgedacht, das Foto zu ändern, das während des Mannschaftszeitfahrens mit dem Brüsseler Atomium im Hintergrund aufgenommen wurde.

„Nicht, dass ich es völlig blöd fände, aber ich bin eigentlich der Meinung, dass man nicht zu sehr in der Vergangenheit schwelgen sollte. Gleichzeitig denke ich: Es ist ein ganz besonderes Foto. Es gefällt mir, also warum bitte sollte ich es ändern?“

Im Flur seines Hauses hat Teunissen ein gerahmtes Gelbes Trikot hängen. Seit Herbst 2022 prangt dort auch ein Rotes Trikot, das er auf der zweiten Etappe der Vuelta in jenem Jahr überstreifen durfte. Beide sind sehr schön, aber die Wahl fällt nicht schwer. „Das Rote Trikot in den Niederlanden zu tragen, gab dem Ganzen noch mal eine zusätzliche Dimension. Vor allem, weil ich es in Brabant trug und ich viel Zuspruch bekam. Aber Gelb bleibt Gelb, oder?“

Besuchern zeigt er schon mal die Schönheiten an der Wand, aber ansonsten geht er daran vorbei. Nicht, dass er nicht stolz darauf wäre, im Gegenteil, doch das Leben geht weiter, und das gilt mal ganz sicher für die Rennen.

„Im Winter 2022/2023 bin ich von Jumbo-Visma zur belgischen Equipe Intermarché-Circus-Wanty gewechselt. Während des ersten Trainingslagers im Dezember sprachen wir in einer Gruppe von Fahrern über die Grand Tours, an denen wir in der letzten Saison teilgenommen hatten. Als ich ihnen erzählte, dass ich bei der Vuelta ins Rote gefahren war, lautete die Reaktion der anderen meist: ‚Ach ja?‘ Und das, obwohl es erst drei Monate her war.

Das Gleiche gilt für meinen Etappensieg bei der Tour und das Gelbe Trikot. Die Welt abseits des Profiradsports romantisiert das manchmal ein bisschen zu sehr. Es ist wirklich nicht so, dass ich noch oft von anderen daran erinnert werde. Ich glaube, die Hälfte der Fahrer bei Intermarché wusste gar nicht, dass ich nicht nur Rot, sondern auch mal Gelb getragen habe. Aber das stört mich überhaupt nicht."

Manchmal kehren seine Gedanken noch zurück zu jenem denkwürdigen 6. Juli 2019. Meist geschieht das auf dem Rennrad, wie damals auf der Lekbrücke bei Vianen im Dezember 2022, als er noch mal so ein berüchtigtes Sprinttraining absolvierte. „Das war auch eine Minute Vollgas. Ich habe genau die gleiche Leistung wie beim Sprint in Brüssel erbracht, knapp 800 Watt über 60 Sekunden. ‚Hey, Tour-Form', schoss es mir durch den Kopf. Mein Peak bei der Zielankunft damals betrug damals nur etwa 1100 Watt. Für mich war das gut, denn ich bin nicht der Typ für extrem hohe Wattwerte. Normalerweise würde ich deshalb von den anderen Jungs auf der Ziellinie eine Tracht Prügel beziehen, aber weil das Finale so hektisch gewesen war und die Straße leicht anstieg, wurde es eben ein Sprint der sterbenden Schwäne. Nur einer, der ist an diesem Tag nicht gestorben, und das war ich.

john degenkolb

HINFALLEN UND AUFRAPPELN

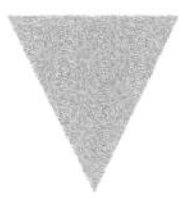

Seine Mannschaftskameraden erhoben sich und machten sich zum Aufbruch bereit. Es war Zeit, zurück ins Hotel zu fahren. John Degenkolb sah das anders und bat sie, noch eine Weile zu bleiben. Er genoss die Situation so sehr, dass er sie noch fünf Minuten länger auskosten wollte. Die sieben Giant-Alpecin-Fahrer hatten gerade ein hartes Sprinttraining absolviert, waren anschließend vom Rad gestiegen und hatten sich auf die Leitplanke gesetzt. Die Stimmung war ausgelassen. Die harte Arbeit des Tages war getan, alle plapperten wild durcheinander, und die Januarsonne schien angenehm auf sie herab. Das Leben war schön an der Costa Blanca.

Wenig später beschloss auch Degenkolb, dass er genug hatte, und gemeinsam stiegen sie wieder aufs Rad. Es waren keine Intervalle oder andere Einheiten mehr vorgesehen, sondern nur noch ruhiges Ausrollen zur Basis in Calpe.

Als Profifahrer wussten sie besser als jeder andere, dass hinter der nächsten Kurve stets die Gefahr lauern kann, aber selbst sie konnten nicht ahnen, was wenige Minuten später auf dem Rückweg passieren würde. Plötzlich tauchte ein Auto aus der Gegenrichtung auf – auf ihrer Seite der Straße! Es blieb kaum Zeit zum Reagieren oder Ausweichen. Die Fahrer waren schockstarr und wurden von der Geisterfahrerin – am Steuer saß eine betagte Britin – wie Pylone frontal von der Fahrbahn gefegt.

Es herrschte totales Chaos. Die Fahrer hatten schwere Verletzungen und Knochenbrüche erlitten. Die Räder lagen völlig zerstört am Straßenrand. Am schlimmsten erwischte es den Amerikaner Chad Haga, obwohl er wie alle anderen nicht in Lebensgefahr zu schweben schien.

Teammanager Mattias Reck hatte die Fahrer beim Training mit dem Auto begleitet und war sofort zu Hilfe geheilt. Als Degenkolb wieder einen klaren Gedanken fassen konnte und begriff, was sich hier gerade ereignet hatte, bat er Reck sofort um sein Handy. Trotz der schrecklichen Situation besaß er die Geistesgegenwart zu erkennen, dass sich der Unfall bald wie ein Lauffeuer in den sozialen Medien verbreiten würde. Er musste seine Frau anrufen, um ihr mitzuteilen, was passiert war, bevor sie durch jemand anderen davon erfuhr. Ihr Vater Robert Lange, ehemaliger Trainer der deutschen Bahnmannschaft, war vor einigen Jahren bei einem ähnlichen Trainingsunfall gestorben, und so musste er sie sofort wissen lassen, dass er nicht lebensgefährlich verletzt war.

Ein flüchtiger Blick verriet ihm, dass er Wunden am Oberschenkel und am Unterarm hatte. Das war alles nicht so schlimm, verglichen mit den Verletzungen an seiner Hand. Noch bevor Degenkolb das Handy von Reck in die Hand nahm, hatte er gesehen, dass sein linker Zeigefinger teilweise abgetrennt worden war und nur noch an einem Hautfetzen an der Hand hing. „Ich bin okay, aber mein Finger ist im Arsch“, sagte er seinem Sportlichen Leiter.

Neun Monate zuvor, am 12. April 2015, stand John Degenkolb mit einem Pflasterstein in den Händen auf einer Bühne, die auf einer Wiese errichtet worden war. Es war nicht irgendein Ort, es war die Wiese inmitten des Vélodrome André Pétrieux – besser bekannt als der Zielort von Paris-Roubaix, einer der legendärsten und sagenumwobendsten Orte des Radsports. Hier wurde seit 1943 Geschichte geschrieben, hier hatten die größten Champions triumphiert. „Dege“ wurde flankiert von Koen de Kort, Roy Curvers, Ramon Sinkeldam und Bert De

Backer. Er wollte nichts anderes, als diesen besonderen Moment mit seinen Mannschaftskameraden zu feiern, die für ihn viel mehr als nur Teamkollegen waren. Mit vom Dreck der Kopfsteinpflasterpassagen völlig verklebten Gesichtern standen sie in der Mitte des Velodromes und umarmten sich, vereint in brüderlichem Bande. Die Giant-Alpecin-Truppe war siegreich aus der Schlacht auf dem nordfranzösischen Kopfsteinpflaster hervorgegangen, und ihr Anführer John Degenkolb nahm die berühmte Pflasterstein-Trophäe mit nach Hause.

Sein Sieg in Roubaix war der vorläufige Höhepunkt einer Karriere, die eine einzige Erfolgsgeschichte war, seit er als HTC-High-Road-Fahrer erstmalig 2011 seinen Einstand auf höchstem Niveau gegeben und sich sofort gezeigt hatte. Es dauerte nur sechs Renntage, bis der 22-jährige Sprinter bei der Algarve-Rundfahrt seinen ersten Profisieg errang. Nach der Hälfte der Saison hatte er bereits sechs Siege auf dem Konto.

2012 wechselte er zum niederländischen Team Argos-Shimano, dem Vorgänger von Giant-Alpecin, und zeigte bei den Frühjahrsklassikern, dass er mehr als nur Sprinterbeine hatte. Bei seiner Feuertaufe in Mailand-San Remo wurde Degenkolb auf Anhieb Fünfter. Sein zweites Profijahr beendete er mit zwölf Siegen, davon nicht weniger als fünf bei der Spanienrundfahrt.

Ende 2013 konnte sich seine Leistung immer noch sehen lassen, und auch wenn sich die absolute Zahl an Siegen halbiert hatte, an Renommee ließen sie nichts zu wünschen übrig. Bei seinem Debüt beim Giro d'Italia schlug er sofort ein, und mit den Vattenfall Cyclassics und Paris-Tour gewann der Deutsche im Herbst zwei schöne Halbklassiker.

Sein Aufstieg war einfach unaufhaltsam, und 2014 fasste Degenkolb auch im „flämischen Frühling" endlich Fuß. Mit Gent-Wevelgem gewann er seinen ersten großen Klassiker, nur zwei Wochen später wurde er Zweiter bei Paris-Roubaix – auch das eine Premiere, denn es war seine erste Podiumsplatzierung bei einem der Monumente des Radsports. Im Spätsommer reüssierte er erneut in Spanien, wo er bei der Vuelta die Etappensiege sechs bis neun einfuhr und als Sahnehäubchen das Punktetrikot gewann.

Angesichts dieser Vorgeschichte hatte sich sein Triumph in Roubaix in gewisser Weise bereits angekündigt. Das besonders Bemerkenswerte war, dass Degenkolb 2015 in Compiegne bereits als Sieger eines Monuments an den Start ging, denn drei Wochen zuvor hatte er bei *La Primavera* alle Sprinter auf die Plätze verwiesen und Mailand-San Remo mit einem kraftvollen Schlussspurt gewonnen. Seine anvisierten Klassikerteilnahmen – und auch seine Saison – waren auf einen Schlag erfolgreich.

„Das Beste daran war, dass wir nach diesem großen Sieg trotzdem nicht den Fokus verloren haben", sagt Degenkolb. „Das galt sowohl für mich als auch für das Team. Wir waren alle hungrig nach mehr. Im Finale von Roubaix befand ich mich in einer ähnlichen Situation wie 2014. Ein Jahr zuvor war ich nach allen Pavé-Sektoren in der verbliebenen Favoritengruppe. Quick-Step war mit Tom Boonen, Niki Terpstra und Zdeněk Štybar das einzige Team, das mit mehreren Fahrern vorn vertreten war. Sie spielten das Spiel nach allen Regeln der Kunst: Terpstra attackierte sieben Kilometer vor dem Ziel und setzte sich alleine ab. Ich hatte zwar die Beine, um ihn wieder einzuholen, aber klar, wenn ich ihm nachgesetzt hätte, wären sofort Boonen oder Štybar zum Angriff übergegangen. Im Velodrome war ich stark genug, um die anderen im Sprint zu schlagen, und es war im Prinzip das erste Mal in meinem Leben, dass ich mit einem zweiten Platz zufrieden war. Ich sah das als einen wichtigen Meilenstein in meiner Karriere. Diese Erfahrung hat mir geholfen, 2015 in der Hitze des Gefechts die richtigen Entscheidungen zu treffen."

Nach dem zermürbenden Kopfsteinpflastersektor Carrefour de l'Arbre gab es wie im Vorjahr eine Patt-Situation zwischen den Favoriten. Diesmal aber nahmen nicht nur einer, sondern gleich zwei Favoriten die Beine in die Hand. Greg van Avermaet und Yves Lampaert hatten sich abgesetzt, und es waren nur noch zwölf Kilometer bis zur Ankunft im Velodrome. Der Einzige, der reagierte, war Bert De Backer, einer von Degenkolbs wichtigsten Helfern. Der Oberurseler schaute sich um. Keiner der anderen Ausreißer rührte auch nur einen Finger, und die beiden flüchtenden Belgier bauten ihren Vorsprung stetig aus. Die Verfolgergruppe war drauf und dran, das Rennen zu verlieren. Abzuwarten und auf den Sprint zu setzen, war sinnlos. Wenn er gewinnen wollte, musste er das Heft in die Hand nehmen, und so beschloss auch Degenkolb zu attackieren.

„Ich habe zu Bert aufgeschlossen und ihn dann als Trittbrett genutzt – mit allerletzter Kraft hat er noch mal alles aus sich herausgeholt, dann lag es an mir, die Lücke zu van Avermaet und Lampaert zu schließen. Ich war an einen Punkt angelangt, an dem ich alles oder nichts spielte, im Wissen um das Risiko, das Rennen zu verlieren. Am Ende wurde ich für dieses Risikospiel belohnt und gewann Roubaix. Das ist für mich das mythischste Rennen, das es gibt. Ich fühlte mich *on top of the world.*“

Im September 2015 vollendete Degenkolb seine *decima* bei der Spanienrundfahrt. Er hatte nur drei Teilnahmen gebraucht, um es auf zehn Etappensiege bei der Vuelta zu bringen. Es war in mehrfacher Hinsicht ein symbolischer Erfolg, denn der Sieg auf der Schlussetappe in Madrid war sein 40. Sieg in vier Saisons als Radprofi. Dege hatte also im Schnitt zehn Siege pro Kalenderjahr eingeheimst. Eine sehr schöne Statistik, die fast jeder Kollege sofort unterschreiben würde.

Degenkolb war zu diesem Zeitpunkt erst 26 Jahre alt. Die körperlich beste Zeit seiner Karriere stand ihm noch bevor. Mit etwas Glück blieb ihm noch ein ganzes Jahrzehnt, seine ohnehin schon beeindruckende Trophäensammlung um weitere Pokale mit Siegen bei großen Klassikern aufzustocken.

Es gab nur eine Sache, die an ihm nagte. Es war ihm noch nicht gelungen, eine Tour-Etappe zu gewinnen. Die Grande Boucle hatte er nun dreimal gefahren. Chancen gab es genug, aber irgendwie hatte er es – anders als bei der Italien- und Spanienrundfahrt – noch nicht geschafft, auch in Frankreich zu punkten.

Allerdings hatte er bereits eine ganze Sammlung von zweiten Plätzen angehäuft. 2013 musste sich Degenkolb in Albí nur Peter Sagan geschlagen geben, 2014 hatten ihn Tony Gallopin (in Oyonnax) und Ramunas Navardauskas (in Bergerac) ausgebremst. Auch 2015 hatte er zweimal das Ziel verfehlt, besonders bitter bei einer Etappe über das Kopfsteinpflaster, auf dem er einige Monate zuvor bei Paris-Roubaix brilliert hatte. Degenkolb gewann zwar den Sprint, hatte aber das Pech, dass sein Landsmann Tony Martin bereits entflohen war, in Cambrai die Etappe für sich entschied und Gelb übernahm. In der letzten Tourwoche hatte ihm dann der „Gorilla" André Greipel einen Strich durch die Rechnung gemacht, indem er den Massensprint in Valence für sich entschied.

„Jedes Mal habe ich alles für einen Etappensieg getan, aber ich musste mich mit einem zweiten oder dritten Platz zufriedengeben. Ich war bei der Musik, und ich war gut genug, aber es hat nicht geklappt. Immer war da einer, der knapp vor mir war. Nach dieser Kopfsteinpflasteretappe kam ich an einen Punkt, an dem ich dachte, dass es wohl einfach nicht sein sollte. Ich hatte viele Rennen gewonnen, aber bei der Tour reichte es immer ganz knapp nicht. Es schien wie ein Fluch zu sein."

Nach dem Trainingsunfall im Januar 2016 in der Nähe von Calpe war der fehlende Etappensieg beim größten Radrennen der Welt dann tatsächlich die geringste Sorge, die John Degenkolb hatte. Er wurde innerhalb kurzer Zeit zweimal am Finger operiert, konnte aber die beiden oberen Fingerglieder nicht mehr bewegen. Die Funktionsfähigkeit seines Zeigefingers war stark beeinträchtigt. Der Crash hatte seinen gesamten Körper bzw. sein inneres System komplett durcheinandergewirbelt. In den ersten zwei bis drei Monaten nach dem dramatischen Ereignis verbrachte er jeden Tag in der Reha und machte Übungen, um die Bewegungsfähigkeit seines Körpers wiederzuerlangen. Die Saison war da natürlich schon in vollem

Gange, und Degenkolb hatte keine Chance auf eine Titelverteidigung bei Mailand-San Remo und Paris-Roubaix.

„Bis zu diesem Zeitpunkt war es in meiner Karriere immer nur nach oben gegangen. Der Unfall war der erste herbe Rückschlag in meinem Radsportlerleben, und während der Reha wollte ich nichts anderes, als so schnell wie möglich wieder ins Renngeschehen einzugreifen. Im Nachhinein war ich zu übereifrig und hätte mir viel mehr Zeit lassen sollen. Ich hätte geduldig sein und mir Zeit nehmen sollen, damit alles zu 100 Prozent ausheilen kann. Aber stattdessen stieg ich bereits im Mai wieder ein, und vier Monate nach dem Unfall nahm ich wieder an Rennen teil. Das war krass schnell. Zu schnell, wenn man die Wucht des Aufpralls und die Verletzungen bedenkt, die ich mir dabei zuzog."

Als wäre es die normalste Sache der Welt, nahm Degenkolb drei Monate nach seinem Comeback auch wieder an der Tour de France teil, doch diesmal rückte ein Etappensieg in noch weitere Ferne: Zwei vierte Plätze waren seine besten Ergebnisse. Es war sein letztes dreiwöchiges Abenteuer im Trikot von Giant-Alpecin, denn Ende 2016 unterzeichnete Dege einen Dreijahresvertrag bei Trek-Segafredo. Die amerikanisch-italienische Equipe war nach dem Rücktritt von Fabian Cancellara eifrig damit beschäftigt, einen neuen Klassikerspezialisten zu finden. Der Schweizer hatte mehr als ein Jahrzehnt lang zusammen mit Tom Boonen an den Kopfsteinpflasterklassikern teilgenommen, sodass Degenkolb in große bzw. schnelle Fußstapfen treten würde.

In seinem ersten Frühjahr bei Trek-Segafredo kam er zwar immer ins Ziel, schaffte es aber nicht einmal aufs Podium. Das war exemplarisch für seine Saison. Degenkolb reihte Top-Ten-Platzierungen aneinander, doch hatte er in den Jahren zuvor noch viel und oft gewonnen, so waren seine Ergebnisse jetzt ziemlich mau. Dege, der inzwischen gelernt hatte, mit dem Mittelfinger der linken Hand zu bremsen, weil es ihm mit dem Zeigefinger nicht mehr möglich war, schloss das Jahr 2017 mit einem einzigen Sieg ab, den er gleich zu Beginn des Jahres bei der Tour of Dubai erzielt hatte. In den anderthalb Jahren seit seinem Comeback hatte er nur dreimal jubeln dürfen, was im krassen Gegensatz zu den Resultaten aus seinen ersten vier Jahren als Radprofi stand.

„Der Unfall war ein Wendepunkt in meiner Karriere. Ich war aus der Kurve geflogen und musste versuchen, ebenjene Kurve wieder aufzunehmen. Ich hatte plötzlich körperliche Beschwerden, die ich vorher nicht einmal gekannt hatte. Als ich während der Reha wieder Krafttraining machen durfte, bekam ich plötzlich Schmerzen im Rücken, was weitere Verletzungen nach sich zog. Ich trainierte weiter und bekam dann Probleme mit meinem Knie. Das machte alles ziemlich kompliziert, und ich tat mich unheimlich schwer, damit umzugehen. Ich wollte wieder auf mein altes Niveau zurückkehren, aber die Realität sah anders aus: Ich war nach dem Unfall auf dem Rad nicht mehr so leistungsfähig wie zuvor."

Im November 2017 musste Degenkolb einen weiteren Rückschlag hinnehmen. Eine Tragödie, um genau zu sein. Der beste Freund seines Vaters starb bei einem verhängnisvollen Unfall auf der Baustelle, auf der er arbeitete. Es war ein schwerer Schlag für seine Familie, wie auch für Dege selbst. Er kannte den verunglückten Jörg seit seiner Kindheit und betrachtete ihn als eine Art Zweitvater. „Unsere Verbindung war sehr stark. Als Kind nahm Jörg mich zu Fußballspielen mit. Als ich dann mit dem Radsport anfing und als Jugendlicher mit unserem Radsportverein an Rennen in ganz Deutschland teilnahm, reiste er mir quer durchs Land nach, ebenso wie meine Familie. Sie machten so eine Art Ausflug daraus, haben vor Ort den Grill angeworfen und sich das Rennen mit einem kühlen Getränk in der Hand vom Straßenrand aus angesehen. Jörg scherzte immer, dass er mein Manager werden würde, wenn ich es bis zu den Profis schaffen sollte. Jahre später, als ich von zu Hause auszog, renovierte er zusammen mit meinem Vater meine erste Wohnung. Sein Tod war ein großer Verlust für uns alle.

Und er hat meine Einstellung zum Leben völlig verändert. Früher konnte ich sehr impulsiv sein und wütend werden, wenn es auf dem Rennrad nicht so lief, wie ich mir das vorgestellt hatte. Mir wurde nun klar, dass es so viele Dinge gibt, die wichtiger sind als der Radsport und die die wahren Prioritäten im Leben darstellen. Sein Tod hat mich geerdet und auf den Boden der Tatsachen gebracht. Gleichzeitig war es aber auch ein Ansporn. Während seiner Beerdigung habe ich mir vorgenommen, noch einen großen Sieg einzufahren. In welchem Rennen, das war mir egal, Hauptsache auf höchstem Niveau. Für Jörg. Zu seinem Angedenken."

2018 startete Degenkolb stark in die Saison und gewann seine ersten beiden Rennen – die Trofeos Campos en Palma im Radfahrereldorado schlechthin, auf der Insel Mallorca. Sie sollten den Auftakt zu neuen Erfolgen bei den Klassikern bilden, schließlich war es drei Jahre her, dass er im Frühjahr einen so großen Erfolg verbuchen konnte. Damals war Degenkolb der erste Fahrer seit Sean Kelly im Jahr 1986, der in derselben Saison sowohl San Remo als auch Roubaix gewinnen konnte. Doch es kam anders. Auch diesmal blieb ihm ein Erfolg verwehrt, auch weil er bei Paris-Nizza erkrankt war und deshalb *La Primavera* auslassen musste.

Sein zweites Frühjahr bei Trek-Segafredo fiel dann deutlich schlechter aus als die Bilanz vom Vorjahr. Degenkolb konnte sich bei keinem der flämischen Rennen durchsetzen und schaffte es nicht einmal in die Top Ten. Er war nicht mehr der „König des Kopfsteinpflasters", der er vor dem Sturz gewesen war, auch wenn längst nicht alle den Zusammenhang mit dem Unfall zwei Jahre zuvor sahen. Angesichts der ausbleibenden Erfolge bei den Klassikern wurde die Kritik lauter, und es gab nicht wenige Medien, die Degenkolb schon abschrieben. Auch teamintern bekam er zu spüren, dass die Zweifel größer wurden.

„In dieser Zeit war der Druck auf mich sehr groß. Trek hatte mich in dem Wissen um meine zwei Siege bei den Monumenten unter Vertrag genommen und sich ausgemalt, ich könnte mindestens ein Monument pro Saison gewinnen, aber das war nicht so einfach. Es bot sich pro Jahr nur dreimal die Gelegenheit, und dafür mussten alle Puzzleteile an ihren Platz fallen. Als Spitzensportler habe ich mir selbst Druck gemacht, um Leistung zu bringen. Ich habe immer 100 Prozent gegeben. Aber die Kommentare anderer zu meiner Leistung, der Druck, der von außen kam, darüber hatte ich keine Kontrolle. Man verlangte mehr Siege von mir, aber es gelang mir einfach nicht, sie einzufahren.

Manchmal begann ich an mir selbst zu zweifeln, doch zum Glück konnte ich auf meine Familie zählen. Meine Frau und meine Eltern gaben mir viel Kraft und Zuversicht. Sie sorgten dafür, dass ich immer wieder daran glaubte, dass ich noch in der Lage war, wieder ganz vorne mitzumischen."

Zu allem Überfluss zog sich Degenkolb im Frühjahr eine böse Verletzung zu, als er die Strecke von Paris-Roubaix erkunden wollte und auf dem Sektor Mons-en-Pévele stürzte. Er merkte sofort, dass mit seiner Kniescheibe etwas nicht stimmte, und die Folge war eine Schleimbeutelentzündung. Trotz der Flüssigkeitsansammlung in seinem Knie wollte er seinen geliebten Klassiker nicht verpassen. Degenkolb war an dem Tag extrem leidensfähig und kämpfte sich mit heftigen Schmerzen auf Platz 18 vor.

Nach dem Höllenritt war sein Knie dann so dick, dass er drei Wochen lang nicht trainieren konnte. Degenkolb suchte mehrere Ärzte auf, aber keiner konnte ihm helfen. Von mehreren Seiten wurde ihm zu einer Operation geraten, aber das wollte er nach all den Eingriffen nicht, die er in den letzten Jahren bereits über sich ergehen lassen musste. Zur gleichen Zeit war die Vorbereitung auf die Tour de France bereits in vollem Gange. Der Klassikerspezialist Jasper Stuyven und einige andere Trek-Teamkollegen hatten sich bereits getroffen, um die Strecke des neunten Teilstücks auszukundschaften, eine Kopfsteinpflasteretappe von Arras nach Roubaix, die für den 15. Juli 2018 angesetzt war. Degenkolb hatte diesen Termin sausen lassen müssen. Schließlich fand er doch noch einen Arzt, der seine Knieprobleme in den Griff bekam, und nach der dazu notwendigen Verzögerung konnte auch er Anfang Mai mit seiner Tour-Vorbereitung beginnen.

„Ich trainierte wirklich hart und wurde Anfang Juli, eine Woche vor dem Grand Départ, Zweiter bei den Deutschen Meisterschaften. Ich habe gemerkt, dass ich in Form war, und im Laufe der ersten Tour-Woche habe ich mich immer besser gefühlt. Zu Beginn der Tour hatte ich alles auf diese eine Kopfsteinpflasteretappe ausgerichtet. Diese letzte Etappe vor dem Ruhetag war ein großes Ziel, nicht nur für mich, sondern für das ganze Team. Auch für Jasper. Er wollte unbedingt gewinnen und ist an diesem Tag sehr aggressiv gefahren. Für mich war das ein Vorteil, denn so konnte ich mich ein wenig zurücklehnen und mich im Hintergrund halten.

Ich war erstaunlich entspannt. Manchmal bin ich sehr nervös, aber dieses Mal habe ich mir keine großen Sorgen gemacht, auch weil ich nichts zu verlieren hatte. Meine Vorbereitung auf die Tour war beschissen gewesen. Wenn es schiefging, dann war´s halt so. Aber stattdessen lief es wirklich gut."

Nach 13 der 15 Kopfsteinpflastersektoren und nach über 135 Kilometern war die Speerspitze des Pelotons wieder komplett. Der Ausreißer Stuyven war soeben gestellt worden, und die Meute donnerte in vollem Tempo auf den Pavé-Abschnitt Camphin-en-Pévele zu, wo nur Augenblicke später Lampaert eine Attacke lancieren sollte. In seinem Kielwasser folgten der Mann in Gelb, Greg van Avermaet, und Degenkolb.

„Ich habe mich einfach drangehängt. Das Tempo war okay, aber ich hatte nicht einmal das Gefühl, dass es eine Attacke war. Nach diesem Sektor fühlte ich mich immer noch frisch und gut. Es war das erste Mal seit dem Frühjahr 2015, dass ich mich wieder so stark fühlte. Meine Kondition war sehr gut, ich war wirklich auf den Punkt topfit. Die Tatsache, dass ich auch mental entspannt war, gab mir ein Hochgefühl. Ich schaute zurück und stellte zu meiner Überraschung fest, dass niemand an meinem Hinterrad war. Wir waren zu dritt unterwegs. In diesem Moment hatte ich sofort einen Flashback zu den Ereignissen drei Jahre zuvor."

Auf dem Weg zu seinem damaligen Triumph in Roubaix waren es seinerzeit van Avermaet und Lampaert gewesen, zu denen Degenkolb aus der Favoritengruppe heraus aufschließen musste. Für fast fünf Kilometer hieß es Vollgas für den Oberurseler, bis er sie schließlich auf dem Sektor Willems à Hem stellen konnte. Später gesellten sich auch noch Lars Boom, Zdeněk Štybar, Martin Elmiger und Jens Keukeleire zu ihnen, aber sie alle hatten im Sprint das Nachsehen.

Als Degenkolb diesmal auf das Pavé von Willems à Hem einbog, dem letzten Hindernis auf dem Weg zum Etappenziel, war er bereits im Windschatten der beiden Belgier. Ihr Vorsprung war in kurzer Zeit derart angewachsen, dass sie den Sieg unter sich ausmachen würden. Anders als beim Frühjahrsklassiker befand sich der Zieleinlauf in Roubaix diesmal nicht im Vélodrome, sondern auf der Avenue Maxence Van Der Meersch *neben* dem Vélodrome.

„Als klar war, dass es zu einer Sprintentscheidung kommen würde, gab es für mich zwei Möglichkeiten: Ich konnte ihn von vorn oder von ganz hinten angehen. Eine Position in der Mitte kam nicht infrage, ich musste beide im Auge behalten können. Van Avermaet und Lampaert sorgten dann dafür, dass ich mich nicht ganz am Ende einsortieren konnte. ‚Auch gut, dann fahre ich eben von vorne', sagte ich mir. Ich hielt mich auf der linken Straßenseite, fuhr eng an der Bande entlang und warf immer wieder einen Blick über die rechte Schulter zurück, denn ich hatte Angst, dass einer von ihnen noch attackieren würde.

Wir fuhren recht langsam, und ich wollte vermeiden, dass die Geschwindigkeit völlig aus dem Ruder lief. Gleichzeitig dachte ich daran, den richtigen Gang einzulegen. Als Junior hatte ich mir auf diese Weise einmal den Sieg bei der Deutschen Meisterschaft versaut: Damals war es mit relativ niedrigem Tempo in den Sprint gegangen, und ich hatte vergessen zu schalten. Weil ich einen zu dicken Gang fuhr, habe ich den Sprint verloren, den ich eigentlich locker hätte gewinnen können. Seitdem hatte ich das immer im Hinterkopf. Ich habe also ein letztes Mal zurückgeblickt, den Kopf wieder nach vorne genommen und bin 200 Meter vor dem Zielstrich einfach voll reingetreten."

Degenkolb gewann den Sprint souverän, er hatte schlussendlich doch noch die Kurve gekriegt. Nachdem er als Erster über die Ziellinie gefahren war, riss er die Arme hoch. Einen Bruchteil später schoss ihm Jörg durch den Kopf. Zuvor hatte er sich voll und ganz auf den Sprint konzentriert und nicht einen Moment an seinen verstorbenen Freund gedacht, doch jetzt kam ihm sein Zweitvater in den Sinn, und die Emotionen überspülten ihn wie eine Welle. Die Arme noch in der Luft, reckte er die beiden Zeigefinger gen Himmel. „Es geschah innerhalb eines Augenblicks, ruckartig. Das war ziemlich bizarr. Plötzlich fiel alles von mir ab, und ich hatte keine Kontrolle mehr über meine Gefühle. Es war unglaublich befriedigend, diesen großen Sieg für Jörg geholt zu haben. Es war einer meiner besten Tage auf dem Rennrad und der emotionalste in meinem Leben. Nach der Zielankunft fiel ich meinem Vater in die Arme. Er war nur für diese Etappe zur Tour gekommen, und dass auch er da war, machte es zu etwas ganz Besonderem."

Mit diesem Etappensieg feierte John Degenkolb den 46. Sieg seiner Karriere und machte seinen Hattrick bei den drei großen Rundfahrten perfekt. Endlich hatte er es geschafft, den „Tour-Fluch" zu besiegen. In den folgenden zwei Saisons konnte er nur noch zweimal triumphieren, und abgesehen von einem zweiten Platz bei Gent-Wevelgem im Jahr 2018 spielte er bei den Frühjahrsklassikern keine Rolle mehr. Nach einem zweijährigen Engagement bei Lotto-Soudal kehrte er 2022 zum Team dsm, dem späteren Nachfolger von Giant-Alpecin, und damit an die alte Wirkungsstätte zurück – als Mentor und nach wie vor einer der wichtigen Akteure im flämischen Team.

„Ich schätze meine Siege bei den Klassikern als höher ein, aber diese Tour-Etappe ist auch Jahre später immer noch sehr emotional für mich. Das sagt alles darüber aus, was dieser Tag für mich bedeutet hat. Manchmal sehe ich die Bilder noch an mir vorbeiziehen, wie im Winter 2023, als ich vom Rotary Club gebeten wurde, einen Vortrag über meine Karriere zu halten, zu dem ich ein Video mitbrachte. Es ist nicht so, als wäre es gestern passiert, aber es ist mir sehr im Gedächtnis geblieben. Die Emotionen und Gefühle sind auch Jahre später noch dieselben.

Bis heute probiere ich, es zu meinem Vorteil zu nutzen. Dieser Etappensieg motiviert mich, immer wieder zu versuchen, an dieses Niveau heranzukommen, egal wie schwierig es ist. Der Unfall in Calpe hat meine ganze Karriere verändert. Aber ich hege keinen Groll, solche Dinge passieren im Leben. Es ist Teil meiner Geschichte. Ich liebe den Radsport und die Rennen nach wie vor und gebe jeden Tag mein Bestes, um wieder an die Spitze zu kommen."

Am 9. April 2023 nahm John Degenkolb zum 11. Mal an Paris-Roubaix teil. Wie in seinen besten Jahren flog er über das Kopfsteinpflaster. Der Deutsche überlebte alle Scharmützel und schaffte es unter die sieben besten Fahrer des Rennens. Lange Zeit sah es sogar so aus, als würde er auf dem Vélodrome noch einmal die Chance bekommen, um den Sieg zu sprinten. Aber ein unglücklicher Zwischenfall mit dem späteren Sieger Mathieu van der Poel und seinem Teamkollegen Jasper Philipsen auf dem Carrefour de l'Arbre führte zu einem Sturz Degenkolbs und machte seine Siegchancen auf brutale Weise zunichte. Am Ende überquerte er die Ziellinie als Siebter, ziemlich zerschrammt und ramponiert. Der völlig erschöpfte Degenkolb ließ sich auf das Gras in der Mitte des Vélodromes fallen und brach in Tränen aus. Er war zwar kurzzeitig untröstlich, aber keineswegs gebrochen, denn er hatte acht Jahre nach seinem denkwürdigen Sieg das für ihn zweitbeste Resultat eingefahren. Auch wenn er nicht auf dem Podium stand, ging Degenkolb als ein großer Sieger aus der *Hölle des Nordens* hervor. Zum zweiten Mal in seiner Karriere bewies er, dass man ihn niemals abschreiben darf. Schon gar nicht in Roubaix.

annemiek van vleuten

ÜBERWÄLTIGENDER ERFOLG

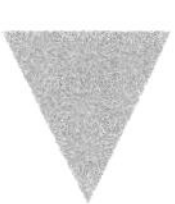

Und wieder ein Tunnel. Ein weiterer in der letzten halben Stunde. Es war ein Montag Mitte Juli, und Annemiek van Vleuten fuhr gerade auf der SS36 den Comer See entlang, in der oberitalienischen Region Lombardei. Sie war auf dem Weg nach Norden. An diesem Morgen war sie in Venedig aufgewacht und fühlte sich pudelwohl. Am Tag zuvor hatte sie zum dritten Mal in ihrer Karriere den *Giro Donne* – die weibliche Ausgabe der Italien-Rundfahrt – gewonnen. Für ihr Movistar-Team war es der erste Gesamtsieg bei dem prestigeträchtigen Etappenrennen. Über die Rennorganisation hatte van Vleuten einen großen Stapel rosa Trikots besorgt, sodass sie nach der letzten Etappe allen Teamkolleginnen und dem anwesenden Teamtross ein signiertes Trikot als Dankeschön überreichen konnte. Nach der Siegerehrung und all den anderen Verpflichtungen in Padua zog das spanische Team weiter in die 50 Kilometer entfernte weltberühmte Lagunenstadt am Wasser.

Im vergangenen Winter, als sie ihr Programm für 2022 zusammenstellte, hatte van Vleuten die Teamführung gebeten, dem Team nach dem Giro einen weiteren Hotelaufenthalt zu spendieren. Sie hatte es schon zu oft erlebt, dass sich nach der letzten Etappe einer Rundfahrt alle überstürzt voneinander verabschiedeten und zum Flughafen eilten, um die Maschine nach Hause noch zu erreichen. Sie fühlte sich dann wie alleingelassen auf einem menschenleeren Rummelplatz, vor allem nach den vorangegangenen Tagen, in denen Fahrerinnen und Betreuer so intensiv zusammengearbeitet hatten. Ihrer Meinung nach gab es im Radsport ohnehin viel zu wenig Zeit zum Feiern. Es ging immer gleich um das nächste Rennen, das nächste Ziel. Dabei war es gut und wichtig, gelegentlich im Hier und Jetzt das gemeinsam Erreichte zu zelebrieren. Ob sie nun gut oder schlecht ausgehen würde, van Vleuten war der Ansicht, dass die italienische Mission einen gemeinsamen Abschluss brauchte.

So geschah es dann auch, und ihr Sieg im Gesamtklassement bot wahrlich ausreichend Anlass für eine große Feier. Nach einem leckeren Abendessen fuhren sie und ihr Team dann abends in die Stadt, um ein Eis zu essen. Die Rückfahrt zum Hotel erfolgte mit dem Wassertaxi, sodass sie auch alle historischen Highlights Venedigs mitnehmen konnten.

Heute Morgen hatte sich van Vleuten dem italienischen Mechaniker des Teams angeschlossen und war mit ihm in seine Heimatstadt Bergamo gefahren, wo sie vor dem Giro Donne ihr eigenes Auto abgestellt hatte. Nachdem sie umgestiegen war, nahm sie Kurs gen Norden. Es waren noch genau 13 Tage bis zum Start der ersten Ausgabe der Tour de France Femmes in Paris, also noch mehr als genug Zeit, um in die Heimat zurückzufahren. Aber van Vleuten hatte andere Pläne. Statt der mehr als 1.000 Kilometer langen Strecke nach Wageningen lagen nach dem Autowechsel in Bergamo nur noch 200 Kilometer vor ihr, um an ihr Ziel zu gelangen. Sie kehrte an den Ort zurück, an dem sie sich fast drei Wochen lang auf den Giro vorbereitet hatte. Der Ort, an dem sie während der Vorbereitung und während der zweiten Saisonhälfte regelmäßig ihre Höhentrainings absolvierte. Ihren *happy place*.

Van Vleuten war auf dem Weg zum Hotel Interalpen, eine schöne Unterkunft am Passo Foscagno in den italienischen

Alpen, direkt an der SS301 und zwischen den Dörfern Bormio und Livigno gelegen. Sie war vor Jahren, als sie auf der Suche nach einer geeigneten Herberge für ihr Höhentraining gewesen war, erstmals dort gelandet. Zwar boten Teneriffa mit dem Teide und die Sierra Nevada ebenfalls gute Trainingsmöglichkeiten, aber für die dortige Landschaft hatte sie nur wenig übrig. Im hohen Norden der Lombardei, nahe der Schweizer Grenze, fand van Vleuten, was sie suchte. Eine perfekte Trainingsumgebung mit berühmten und langen Pässen wie dem Stilfser Joch (Stelvio), dem Gavia und dem Mortirolo gleich um die Ecke, und dazu noch in einer grünen und alpinen Umgebung. Interalpen entpuppte sich als Volltreffer.

Anfangs lud sie regelmäßig Freunde für ein paar Tage zu sich ein, um zwischen den Trainingseinheiten etwas Gesellschaft zu haben, aber nach einer Weile war das nicht mehr nötig. Van Vleuten hatte die langen Autofahrten aus den Niederlanden genutzt, um mithilfe von Sprach-Apps Italienisch zu lernen, und hatte sich mit dem Hotelbesitzer angefreundet, der sie auf seinem E-Mountainbike begleitete, wenn er Zeit hatte. Wann immer das Personal ein Barbecue veranstaltete, nahm van Vleuten daran teil. Sie fühlte sich dort so wohl, dass es ihr wie ein zweites Zuhause vorkam, und für sie gab es nichts Schöneres, als nach einem langen, harten Trainingstag ein Bad im Bergsee hinter dem Hotel zu nehmen.

Als van Vleuten im Herbst 2021 bei einem Abendessen mit ihrem Trainer Louis Delahaije die Pläne für die nächste Saison besprach – ein Termin, der sich zur jährlichen Tradition zwischen Fahrerin und Trainer entwickelt hatte –, kam auch die Überbrückungszeit zwischen dem Giro und der Tour zur Sprache. Es stand außer Frage, dass sie an beiden großen Rundfahrten teilnehmen würde. Van Vleuten wollte sich nicht nur auf die Frankreichrundfahrt konzentrieren, dazu gefiel ihr der Giro viel zu sehr, den sie einige Monate zuvor bereits ausgelassen hatte – zähneknirschend, wohlgemerkt. Aber sie wollte kein Risiko eingehen, weil die Schleife durch Italien sehr nah an die Olympischen Spiele terminiert war. Im Jahr 2020 war van Vleuten beim größten Rennen auf dem Stiefel gestürzt, sodass sie beinahe ihren Weltmeistertitel auf der Straße nicht mehr hätte verteidigen können.

Jetzt, da die Spiele hinter ihr lagen und sie mit dem olympischen Zeitfahrgold einen der letzten Siege errungen hatte, die ihr noch im Palmarès fehlten, wollte sie den Giro nicht wieder auslassen – auch nicht für die lang ersehnte Rückkehr der Tour de France Femmes. Allerdings lagen zwischen den beiden Rundfahrten nur zwei Wochen. Körperlich seien die 18 Renntage in etwas mehr als einem Monat überhaupt kein Problem gewesen, so Delahaije später. Van Vleuten war so fit und austrainiert, dass sie beide Wettkämpfe auf Topniveau bestreiten konnte. Die Herausforderung lag vor allem auf der mentalen Ebene. Wie konnte man sicherstellen, dass sie nach zehn Tagen Giro ihre Batterien wieder aufgeladen hatte, um frisch und voller Tatendrang in Frankreich am Start zu stehen?

„Ich hatte beschlossen, dass ich dafür nach Livigno zurückkehren musste“, sagt van Vleuten. „Ich kenne mich selbst. Wäre ich in die Niederlande gefahren, hätte ich mich mit allen möglichen Freunden getroffen und den Fokus verloren. Mein Ziel war es, in der bestmöglichen Form am Start der Tour anzukommen. Dafür musste ich die Ruhe bewahren und diese auch gezielt suchen! Ziemlich simples Prinzip: essen, trainieren, schlafen und erholen. Vorzugsweise in Kombination mit ein paar Leuten, die mich ab und an besuchten, damit mich nicht das Gefühl überkam, wie eine Eremitin fernab der Welt auf einem Berg zu hocken. Auf diese Weise konnte ich wieder auftanken und hatte wenig Ablenkung.“

Mit dem Silberpokal und dem *Maglia Rosa* auf dem Beifahrersitz und ihrem schwarzen Canyon-Rad mit rosa Farbtupfern fuhr van Vleuten also am 11. Juli zu ihrem geliebten Trainingsrevier. In den folgenden zehn Tagen ging es hauptsächlich darum, die Kondition zu halten. Harte Trainingseinheiten waren nicht mehr nötig, den Grundstein für diesen arbeitsreichen Sommer hatte sie bereits in den Wintermonaten gelegt. Van Vleuten fuhr einige Touren mit Tom Dumoulin und Lennard Hofstede, den beiden Jumbo-Visma-Fahrern, die ebenfalls zum Höhentraining nach Livigno gereist waren, und bekam Besuch von Trainer Delahaije und ihrem Freund Oscar. Mit jedem Tag kam ein weiterer grüner Streifen auf der Ladeanzeige ihres Akkus hinzu, den sie übrigens während des Giro nicht vollständig leergefahren hatte. Das war gar nicht nötig, denn tatsächlich musste sie sich im Kampf um den Gesamtsieg nur zweier ernst zu nehmender Konkurrentinnen erwehren. Die meisten Topfahrerinnen hatten sich entschieden, die Italienrundfahrt auszulassen und alles auf den Höhepunkt der Saison zu setzen. Denn so wurde die Tour weithin wahrgenommen; die Aufmerksamkeit für das sportliche Event in Frankreich war riesig. Monatelang hatten sowohl Medien als auch Fans diesem Meilenstein im Frauenradsport entgegengefiebert. Manchmal übertrieben sie es auch, dachte van Vleuten.

„Genau wie bei den Olympischen Spielen üblich, gab es einen riesigen Hype um die Tour. Als ob sich die ganze Saison nur um dieses eine Rennen drehen würde. Irgendwie geht mir das gegen den Strich, ich reagiere dann ein bisschen allergisch, und so habe ich ab und zu bewusst gegengesteuert, indem ich darauf verwies, dass es noch andere große Rennen gäbe. Es ging mir ein bisschen zu weit, die ganze Saison auf die erste Tour de France Femmes zu reduzieren. Natürlich war es das wichtigste Rennen des Jahres, auch für mich, aber ich wollte die Menschen ein bisschen wachrütteln."

Im April war van Vleuten nach dem Amstel Gold Race von Südlimburg aus nach Frankreich gereist, um in drei Tagen die vier wichtigsten Etappen der Tour zu erkunden. Sie hatte bei Teammanager Jorge Sanz hartnäckig darauf drängen müssen, aber er hatte nach einigem Zögern wegen des eng getakteten Zeitplans doch noch eingewilligt. Van Vleuten wollte drei Monate später optimal vorbereitet sein, und dazu musste sie die entscheidenden Streckenpassagen vorher abgefahren sein.

Die Strecke mit eigenen Augen zu sehen, half ihr dabei, vorab gedanklich die Marschroute festzulegen.

„Aber es war nicht so, dass ich mir bei diesen Erkundungsausfahrten ausgemalt hätte, wie es bei der Tour sein würde. Alle sagten, es würde großartig werden. Erst sehen, dann glauben, dachte ich mir. Die Leute haben mich auch manchmal gefragt, ob ich vom Gelben Trikot träume und wie es wäre, es zu tragen. Das hat mich überhaupt nicht interessiert, das übte auf mich keinerlei Faszination aus. Das Gelbe Trikot war keine Motivation. Ich wollte, so wie bei jedem wichtigen Rennen, sicherstellen, dass ich in Bestform starte, sowohl körperlich als auch geistig. Mehr nicht."

Nach ihrem Hotelaufenthalt auf dem Passo Foscagno machte van Vleuten einen Blitzbesuch zu Hause und fuhr dann von Wageningen nach Paris weiter. Die Oase der Ruhe in den italienischen Alpen wurde eingetauscht gegen den hektischen Zirkus in Frankreich. Rund um die Teampräsentation und den Start der ersten Etappe war Anspannung spürbar, nicht nur bei ihr selbst, sondern auch bei ihren Teamkollegen und Mitstreiterinnen. Alle waren sich bewusst, dass aller Augen auf sie gerichtet waren und dass dies ein wichtiger Moment für den Frauenradsport war.

Die Kulisse in der Stadt der Lichter war großartig, aber für erfahrene Fahrerinnen auch nicht unbedingt überwältigend. Die Eröffnungsetappe war so ziemlich eine exakte Kopie der ersten Ausgaben der Vorgängerversion *La Course*, als zwischen 2014 und 2016 am letzten Tag der Tour der Männer ein paar Runden auf den Champs-Elysées gefahren wurden (so wie es jetzt auch der Fall ist). Es stand nur eine wirklich große Frage im Raum: Wer würde sich an diesem Tag das erste Gelbe Trikot überstreifen dürfen? Erst am Tag darauf würde das Rennen richtig beginnen.

Die Entscheidung bei der Tour Femmes würde dann auf den letzten beiden Tagen in den Vogesen fallen, vorher boten sich vor allem Chancen für Sprinter und Ausreißer. Für Klassementfahrerinnen wie van Vleuten ging es darum, die siebte Etappe unbeschadet zu überstehen. Aus diesem Grund hasste sie eigentlich Etappenrennen: Anstatt mit dem Herz in der Hand zu fahren, was ihr mehr lag, musste sie abwarten, taktieren und von Anfang bis Ende konzentriert sein, um nicht unnötig Zeit zu verlieren. Regelmäßig wurde sie gefragt, warum sie dann trotzdem weiterhin an Rennen teilnahm, die sich über mehrere Tage erstreckten. Die Antwort fiel einfach aus: Sie war einfach gut darin.

Nach dem erwarteten Massensprint ließ die Tour-Karawane Paris hinter sich und machte sich auf den Weg nach Osten, wo am Montag eine wegen des möglichen Windes voraussichtlich nervöse zweite Etappe auf die Fahrerinnen wartete. Van Vleuten hatte derweil andere Sorgen als eine Etappe, die wegen Windkanten hektisch ausfallen konnte. In den ersten Stunden nach der Zielankunft bekam sie Bauchschmerzen, und beim gemeinsamen Abendessen nach ihrer Ankunft im Hotel bekam sie keinen Bissen herunter. Sie hatte sich eine schwere Magen-Darm-Grippe zugezogen, die in der Nacht voll durchschlug.

„Erbrechen, Durchfall, es war ein einziges Elend. Außerdem war mein Bauch enorm aufgebläht. Es sah aus, als ob ich schwanger wäre. Am nächsten Morgen kamen der Manager Sebastián Unzué und der Sportliche Leiter Jorge Sanz in mein Zimmer, um zu sehen, wie es mir geht, und um mich aufzumuntern. Ich lag im Bett und war das reinste Häufchen Elend. Sebastián und Jorge sprachen mir Mut zu, aber als sie das Zimmer verließen – so erzählten sie mir später – dachten sie, die Tour sei für mich gelaufen. Sie haben sich nicht vorstellen können, dass ich es aus dem Bett herausschaffen würde, geschweige denn zum Start und ins Ziel."

Zunächst dachte van Vleuten noch an die Chance, die sich ihr im nächsten Jahr bieten würde, die Tour zu gewinnen. Am Vorabend des Giro hatte sie weithin bekannt gegeben, dass sie ihre Karriere Ende 2023 beenden würde. Im Oktober wurde sie 40 Jahre alt. Sie gehörte immer noch zu den besten Fahrerinnen der Welt und wollte unbedingt abtreten, solange sie noch auf diesem Niveau fuhr. Noch eineinhalb Jahre mit Spaß an der Sache maximale Leistung bringen, aber dann wäre es genug. Doch da war eine kleine Stimme in ihrem Kopf, die ihr sagte, dass ein Aufgeben in einem Hotelbett keine Option sei. In den letzten Jahren hatte van Vleuten viel Pech gehabt: ihr schrecklicher Sturz beim olympischen Straßenrennen in Rio de Janeiro und hässliche Abstiege bei der WM und bei Paris-Roubaix, bei denen sie sich diverse Brüche und schlimme Verletzungen zugezogen hatte. Immer wieder hatte sie es geschafft, diese Rückschläge wegzustecken und gestärkt daraus hervorzugehen. Auf jedes Comeback folgte im Handumdrehen ein weiterer großer Sieg. Ihre mentale Härte, die zum Teil auf die jahrelange Arbeit mit einem Sportpsychologen zurückzuführen ist, war vielleicht ihre größte Stärke. Einmal mehr weigerte sich van Vleuten aufzugeben, ohne wenigstens versucht zu haben, ihre Startnummer anzubringen und das Ziel in Provins zu erreichen. Schließlich war die Tour eines ihrer größten Ziele in dieser Saison.

„Dieser Gedanke hat mich zusätzlich befeuert. Ich wollte vor allem diese erste Ausgabe unbedingt gewinnen. Eine Flachetappe ohne Wind würde ich irgendwie durchstehen, doch es wurde einer meiner schlimmsten Tage auf dem Rad. Es herrschte Windstärke 4 bis 5, und ich dachte lange nicht, dass ich es bis ins Ziel schaffen würde. Am Ende ist es mir dank meiner Teamkolleginnen gelungen, die mich gut aus dem Wind gehalten haben."

Van Vleuten gelang es wie durch ein Wunder, den Schaden zu begrenzen – sie verlor nur eine halbe Minute auf einige Konkurrentinnen. Ihre Tour war noch nicht zu Ende. Außerdem hatte sie sich einigermaßen gut verstellt und ihre Krankheit vor der Außenwelt verborgen. Aber der Bluff hielt nicht für lange. Am nächsten Tag, beim ersten Kräftemessen an einem kurzen, steilen Anstieg in Épernay, konnte die Movistar-Kapitänin den anderen Favoritinnen nicht mehr folgen. Das war derart auffällig, dass sie die Tatsache, dass sie krank war, nicht länger verbergen konnte. Unterwegs musste sie sogar für eine „Tom-Dumoulin-Aktion“ vom Rad steigen – ihr Landsmann hatte sich bei seinem Giro-Sieg 2017 während einer Bergetappe am Straßenrand erleichtern müssen, weil ihm der Magen zu schaffen machte.

„Ich hatte so viel Luft im Bauch, dass er beim Radfahren gegen meine Beine stieß. Diese Luft musste einfach raus. Nach dieser Etappe hatte ich dann das Schlimmste hinter mir, auch wenn ich in den folgenden Tagen noch weiter zu leiden hatte. Im Mannschaftsbus habe ich manchmal ungeniert gefurzt. Ich habe mich immer wieder bei den anderen entschuldigt, aber es machte ihnen sowieso nichts aus. Mir war alles recht, wenn nur endlich die Luft entweichen konnte. Das Lustige war, dass wir endlich unseren eigenen Koch dabei hatten, aber ich nichts von den Leckereien essen durfte, die er für meine Teamkolleginnen zubereitet hatte.

Als Einzige am Tisch aß ich Reis und Hühnchen. Und Bananen. Nicht einmal Nudeln waren erlaubt. Der Ernährungsberater hatte mir eine strenge Diät verordnet, damit mein Darm wieder zur Ruhe kam. Mit dieser Schonkost wollte er dafür sorgen, dass alles wieder ins Gleichgewicht kommen würde.“

Obwohl sie diese höllische zweite und etwas weniger höllische dritte Etappe überstanden hatte, wieder essen – und es auch bei sich behalten – und sich somit erholen konnte, befand sich van Vleuten auch in den folgenden Etappen im Überlebensmodus. Alles drehte sich nur darum, sich weiter zu erholen und zu versuchen, jedes Mal ohne oder mit möglichst wenig Zeitverlust ins Ziel zu kommen. Inzwischen hatte sie immer mehr das Gefühl, dass das hier wirklich die Tour war. Das lag nicht nur an der Ausrüstung, die mit der der Männer identisch war, sondern auch an der Art und Weise, wie gefahren wurde. Der Stress, die Stürze, die ständigen Attacken der Ausreißer, um in eine frühe Fluchtgruppe zu kommen – all das kannte sie aus den Erzählungen der männlichen Kollegen, wenn diese von der hektischen ersten Woche berichteten.

Das Tour-Gefühl wurde auch durch die Tatsache verstärkt, dass Marianne Vos seit der zweiten Etappe das Gelbe Trikot trug. „Ich fand es toll, dass Marianne das Trikot trug. Wir sind gute Freundinnen, und ich habe es ihr von Herzen gegönnt, weil sie sich so sehr für die Frauen-Tour starkgemacht hat. Aber als Marianne es holte, dachte ich auch, dass es schon cool wäre, selbst in Gelb zu fahren. Von diesem Moment an erwachte das Trikot für mich zum Leben. Ich dachte: Schön, dass du es jetzt trägst, Marianne, genieß es, aber ich würde es später gerne von dir übernehmen."

Nach sechs Etappen lag van Vleuten auf Platz acht in der Gesamtwertung, eine Minute hinter der Italienerin Elisa Longo Borghini und nur 17 Sekunden hinter der ebenfalls niederländischen Demi Vollering, die als ihre größte Herausforderin galt. Angesichts des miserablen Starts hatte sie also gar keine so schlechte Ausgangsposition für die Entscheidung in den Vogesen. Die Tour ging endlich in die Berge, und das war ihr bevorzugtes Terrain. Es blieb allerdings fraglich, ob sie die Rundfahrt tatsächlich gewinnen konnte.

Van Vleuten fühlte sich schon viel besser, aber sie wusste nicht, ob sie schon wieder komplett hergestellt war. Schließlich lässt jeder, der im Rennen krank geworden ist, irgendwo Federn. Für die siebte Etappe, eine Bergetappe nach Le Markstein mit drei schweren Anstiegen, hatte sie einen sehr ehrgeizigen Plan im Kopf. Bei den Erkundungstouren im April hatte sie festgestellt, dass der Col du Petit Ballon zwar der schwerste, aber gleichzeitig auch der erste Anstieg auf dieser Etappe sein würde. Ihr war es nur recht, wenn sehr hart gefahren wurde, also hatte van Vleuten sich vorgenommen, schon auf dem Petit Ballon zu attackieren – und zwar sehr früh.

„Sebastián und Jorge fragten, ob es überhaupt klug sei, am ersten Anstieg anzugreifen. Ich hatte auch keine Ahnung, ob das wirklich klug war, dachte aber, wir sollten es einfach tun.

Am Fuße des Anstiegs verriet mir ein Blick auf meinen Radcomputer, dass wir erst 40 der 127 Kilometer hinter uns hatten. Eine Weile kämpfte ich noch mit mir und fragte mich, ob ich das wirklich tun sollte. Aber wenn ich mir etwas vornehme, ziehe ich es meistens durch, dann gibt es kein Zurück mehr."

Wenig später schlug sie alle Vorsicht in den Wind. Nur Vollering hatte eine Antwort parat und biss sich an ihrem Hinterrad fest. Nach dem Col du Platzerwasel, dem zweiten Anstieg, folgten eine lange Abfahrt und ein Zwischenstück durch das Tal zum abschließenden, nicht allzu schweren Grand Ballon. Wenn sie Vollering abschütteln wollte, musste das auf dem Platzerwasel geschehen. Van Vleuten hielt das Tempo unvermindert hoch und konnte sich auf dem letzten Kilometer des Anstiegs von der sd-worx-Fahrerin absetzen. Obwohl noch 62 Kilometer vor ihr lagen, setzte sie danach zu einem beeindruckenden Solo an und fuhr die Konkurrenz in Grund und Boden. Am Fuß des Grand Ballon betrug der Vorsprung auf Vollering mehr als zwei Minuten. Die anderen Klassementfahrerinnen lagen deutlich weiter zurück, und so folgten Anweisungen aus dem Begleitfahrzeug.

„Ich wusste inzwischen, dass ich einen ordentlichen Vorsprung herausgefahren hatte. Am nächsten Tag stand eine weitere Bergetappe mit dem Ziel auf der Planche des Belles Filles auf dem Programm. Es gab also keinen Grund, *all out* zu fahren. Sebastián sagte mir, ich solle versuchen, es zu genießen. Das habe ich getan, ganz bewusst. Bis dahin hatte ich mich sehr auf die Umsetzung meines Plans konzentriert und alles andere ausgeblendet, aber als ich mich umschaute, war ich überrascht, wie viele Zuschauer uns auf dem Anstieg anfeuerten. Ich hatte noch bei keinem unserer Rennen so viele Fans entlang der Straße gesehen. Und das nicht nur im Ziel, sondern schon zehn Kilometer davor.

Bis zu dieser siebten Etappe hatte ich eine sehr seltsame Tour erlebt. Ich hatte ständig versucht, einfach nur zu überleben. Im Vorfeld hatte ich mir nicht vorstellen können, wie diese erste

Ausgabe sein würde, und auch deshalb ist das alles irgendwie mit mir passiert. Ich war überrascht, wie groß und mit welcher Ernsthaftigkeit das Ganze angelegt war. Auf dem Grand Ballon habe ich dann ganz deutlich gemerkt, dass unsere Tour beim Publikum viel präsenter war, als ich gedacht hatte, und da wurde mir klar, dass ich diesen Moment genießen musste, und das tat ich auch. Die ganzen Anfeuerungsrufe haben diesen Sieg so besonders gemacht."

Als sich die Rauchwolken der Bengalos gelichtet hatten und die Bilanz gezogen wurde, stellte sich heraus, dass die neue Trägerin des Gelben Trikots van Vleuten einen Wahnsinnritt hingelegt hatte. Ihr Vorsprung auf die erste Verfolgerin Vollering betrug in der Gesamtwertung mehr als drei, die drittplatzierte Katarzyna Niewiadoma folgte mit mehr als viereinhalb Minuten. Die Tour war entschieden, daran gab es keinen Zweifel.

Doch wie so oft in ihrer Karriere lief es nicht reibungslos weiter, nicht einmal bei der Tour de France Femmes. Auf halber Strecke der achten und letzten Etappe hatte van Vleuten einen Platten! Zum Glück war Teamkollegin Arlenis Sierra schnell zur Stelle und überließ ihr ihr Rad. So verlor sie kaum Zeit, musste aber mit einem Rennrad vorliebnehmen, dessen Sattel zehn Zentimeter tiefer eingestellt war als ihr eigener, bevor sie kurz darauf auf ihr Ersatzrad wechseln konnte.

Dieser „Materialschaden" war das Signal für die rivalisierenden Teams sd worx und Trek-Segafredo, an der Spitze des Feldes Vollgas zu geben, um der Niederländerin doch noch das Gelbe zu entreißen. Im Auto von Movistar herrschte eine entsprechende Stimmung, die Sportlichen Leiter Unzué und Sanz waren außer sich vor Wut ob dieser Unsportlichkeit. Van Vleuten hingegen konnte auf ihre mentale Widerstandsfähigkeit bauen und erinnerte ihre Sportlichen Leiter daran, die Situation mal von einer anderen Seite zu betrachten. „Ich habe Sebastián und Jorge gesagt, dass sie es als Kompliment auffassen sollten. Die Konkurrenz nähme wohl an, dies sei die einzige Möglichkeit, uns noch anzugreifen.

Vor diesem Vorfall ging es mir hauptsächlich darum, das Gelbe Trikot zu verteidigen, aber danach war ich nur noch mehr motiviert, auch auf La Planche zu gewinnen. Ursprünglich wollte ich erst auf den letzten 1,5 Kilometern des Anstiegs attackieren, aber dann hätten meine Konkurrentinnen um den Etappensieg in dieser Situation größere Chancen, mich zu schlagen. Deshalb war es besser, gleich am Fuße von La Planche anzugreifen. Das bedeutete allerdings auch, dass ich länger leiden und Schmerzen haben würde. Ich musste mich mental für eine 20-minütige Attacke wappnen. Aber auch mich hatte die Aktion der anderen Teams ziemlich wild gemacht, und so habe ich mich entschieden, es zu versuchen."

Wieder hatte niemand eine Antwort auf van Vleutens Angriff parat, der das Feld sprengte. Mit ihrem zweiten Etappensieg in Folge sorgte sie sowohl für das Sahnehäubchen als auch die Kerze auf der Torte. Trotz aller Widrigkeiten hatte sie es geschafft, die erste Ausgabe der Tour de France Femmes zu gewinnen – und das sechs Tage nachdem ihre Sportliche Leitung sie wie ein krankes Vögelchen im Hotelbett liegen sah und keinen Heller mehr auf sie gesetzt hätte. „Ich stand ungläubig im Gelben Trikot auf dem Podium. Es hatte doch noch geklappt. Es war wahrlich kein *walk in the park,* aber gerade das machte es so schön."

Wie schon drei Wochen zuvor in Italien schloss die Movistar-Equipe die Frankreichrundfahrt mit einem gemeinsamen Abendessen ab. Am nächsten Tag setzte sich Annemiek van Vleuten wiederum ins Auto und fuhr wieder Richtung Norden, doch dieses Mal mit Ziel Wageningen. Nach zwei Monaten fast ununterbrochenen Reisens, Trainings und Wettkämpfen im Ausland war es an der Zeit, nach Hause zurückzukehren. Zu diesem Zeitpunkt wusste sie noch nichts davon, wie sehr die Tour de France Femme und der Frauenradsport allgemein in den Niederlanden Anklang gefunden hatte. Das änderte sich jedoch bald.

„Eines Tages ging ich beim Gemüsehändler einkaufen. Er erzählte mir, dass er Kunden im Laden gehabt hätte, die ihm sagten, sie müssten sich beeilen, weil unsere Etappe bald zu Ende sei und sie das Finale nicht verpassen wollten. Ich war echt baff, wie viel Resonanz die Tour hatte, das übertraf alle meine Erwartungen.

Ein paar Wochen später fuhr ich wieder nach Livigno, um mich auf den Herbst mit der Vuelta und der WM vorzubereiten. Passanten riefen meinen Namen, wenn sie mich in meinen blauen Movistar-Klamotten und auf meinem gelben Rad trainieren sahen. Das kannte ich zwar in Italien schon von früher, aber jetzt war es auffallend oft der Fall, und zwar von Menschen aus aller Herren Länder und nicht nur von holländischen Touristen, die dort Urlaub machten. Ich habe gemerkt, dass das Gelbe Trikot doch etwas ganz Besonderes ist. Und wie viele Leute es mitbekommen hatten, das war schon etwas ganz anderes als nach meiner olympischen Goldmedaille oder einem gewonnenen Weltmeistertitel. Was die Außenwirkung angeht, fühlt sich der Tour-Sieg wie der größte Erfolg in meiner Karriere an."

thomas de gendt

MEISTERSTÜCK EINES AUSREISSSPEZIALISTEN

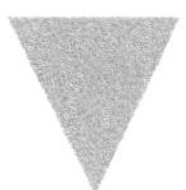

Es war ein bizarres Bild. Fast unwirklich. So verrückt, dass die Kommentatoren in ihren Kabinen an der Ziellinie fieberhaft nach Worten suchten, um die Szene zu beschreiben, die sich vor ihnen auf dem Bildschirm abspielte. Eben hatte der Kameramann noch voll auf den gerade gestürzten Richie Porte draufgehalten, doch dann gab der Fahrer seines Motorrads Gas und raste weiter. Zwischen den anderen Motorrädern kam plötzlich ein Fahrer ins Blickfeld. Es war der Träger des Gelben Trikots. Aber was war das? Das konnte doch nicht wahr sein? Aber ja, es war wirklich so: Chris Froome *rannte* den Mont Ventoux hinauf und schob sein defektes Rad neben sich her. Wenige Augenblicke später tauschte er seinen Renner gegen ein bereitstehendes Ersatzrad, um in blinder Panik weiterzufahren. Es dauerte nicht lange, bis Kommentatoren und Fernsehzuschauer in aller Welt die Ursache für diese in der Tour-Geschichte noch nie gesehene Szene kannten. Froome, Porte und Bauke Mollema waren von einem Motorrad zu Fall gebracht worden, das im Trubel der zahlreichen Fans an den völlig überfüllten Hängen des Mont Ventoux zu einem abrupten Haltemanöver gezwungen worden war.

In der anschließenden Aufregung und dem Chaos war weit und breit kein Begleitfahrzeug des Teams Sky zu sehen. Da Froome keinen Ersatz für sein durch den Sturz ramponiertes

Rennrad zur Hand hatte, beschloss der Brite, wie Tom Hanks in dem berühmten Hollywood-Film *Forrest Gump* einfach loszurennen. Wenige Augenblicke später bekam er zwar ein neues Rennrad aus einem neutralen Materialwagen, aber das war ihm keine große Hilfe: Die Cleats unter seinen Schuhen passten nicht zu dessen Klickpedalen. Er wirkte so hilflos wie ein auf dem Trockenen zappelnder Fisch. 400 Meter vor der Ziellinie war er erlöst: Der Mannschaftswagen hatte es endlich geschafft, bis zu ihm vorzustoßen, und so konnte er das gelbe Rennrad des neutralen Materialfahrzeugs gegen sein eigenes Ersatzrad austauschen. Froome überquerte die Ziellinie als 25., bekam aber schließlich die gleiche Zeit wie die ebenfalls gestürzten Mollema und Porte gutgeschrieben und behielt das Trikot des Gesamtführenden.

Es war ein Pandämonium der Extraklasse. Danach drehten sich die Diskussionen vor allem um die dramatischen Bedingungen am Anstieg, wo es an Absperrungen fehlte, um die Fans in Schach zu halten, und um die außergewöhnliche Aktion von Chris Froome, in Radschuhen einen Anstieg hochzulaufen. Dabei geriet fast in Vergessenheit, dass die denkwürdige Etappe auch einen Sieger hervorgebracht hatte, auch wenn der betreffende Fahrer den emotionalen Ausbruch, der für gewöhnlich mit einem Etappensieg bei der Tour verbunden ist, wegen dieses Trubels um Gelb so nicht erlebt hatte. Schade, vor allem an einem historischen Ort wie dem Mont Ventoux, wo in der Vergangenheit Größen wie Charly Gaul, Raymond Poulidor, Eddy Merckx, Bernard Thévenet und Marco Pantani triumphiert hatten.

Einen Tag zuvor hatte die Tour-Organisation ASO die drastische, aber doch notwendige Entscheidung getroffen, das Ziel der 12. Etappe etwas nach vorn zu verlegen. Auf den letzten Kilometern zum Gipfel des Riesen der Provence, der für seine offene Mondlandschaft bekannt ist, waren Windböen von bis zu 100 Stundenkilometern vorhergesagt worden. Daraufhin wurde der Anstieg um sechs Kilometer verkürzt und der Zielstrich in das von Wald umgebene Chalet Reynard verlegt.

Thomas De Gendt war es gleich. Wie immer hatte er Lust zu attackieren, besonders am *Quatorze Juillet,* also dem Nationalfeiertag der Franzosen. Der belgische Ausreißspezialist befand sich in einer großen Fluchtgruppe und erwies sich als einer der besten Kletterer auf dem Ventoux. Auch er hatte erfahren – noch vor dem Spektakel rund um Froomes Sturz –, dass dort oben ein Tollhaus wartete. Die ASO hatte nicht bedacht (oder nicht mehr berücksichtigen können), dass die Zuschauer in großer Zahl zum Gipfel des Giganten der Provence gepilgert waren und sich nun an dem verkürzten Anstieg zusammenquetschen mussten. Die anwesende Gendarmerie war heillos überfordert damit, die oft verkleideten und wie immer ekstatischen Fans von der Straße zu halten. Für die Fahrer, die Begleitfahrzeuge und Motorräder war fast kein Durchkommen mehr – mit allen Konsequenzen. Dank der fehlenden Absperrungen wusste De Gendt bis kurz vor Schluss auch nicht, wie weit er noch vom Ziel entfernt war. Und das, obwohl er noch seinen Landsmann Serge Pauwels an seiner Seite hatte, den es erst einmal zu schlagen galt.

„Es gab weder Schilder noch Bögen entlang der Straße, und deshalb wusste ich nicht, dass wir bereits auf den letzten drei Kilometern fuhren“, erinnert sich De Gendt. „Auch den Teufelslappen für den letzten Kilometer hatte ich noch nicht gesehen. Plötzlich sah ich ein Schild an der Seite, auf dem stand, dass es noch 500 Meter bis zum Ziel waren. Wenig später begann ich dann einfach zu sprinten. Ich habe gewonnen, aber diese spezielle Erfahrung des letzten Kilometers blieb mir verwehrt, diese Anspannung, die sich bis ins Ziel aufbaut. Ich überquerte die Ziellinie, und das war‘s. Die Emotionen haben völlig gefehlt.“

Im Gegensatz zu seinen Vorgängern hatte De Gendt die letzten harten Kilometer nicht durch die offene Mondlandschaft fahren müssen. Er hatte am Denkmal von Tom Simpson nicht zur Seite schauen können, jenes Briten, der 1967 aufgrund eines toxischen Cocktails aus Anstrengung, Hitze und Amphetaminen vom Rad fiel und wenig später starb. Und vor allem gab es nicht den euphorischen Moment, nachdem man die letzten sehr steilen Meter bezwungen und die Ziellinie passiert hat, die immer direkt neben der Wetterstation und dem großen Sendemast verläuft. Alles in allem war es schon eine Enttäuschung, vor allem für einen Fahrer, der weiß, wie es ist, am legendären Ort einer Grand Tour zu triumphieren.

Vier Jahre zuvor hatte De Gendt mit dem Sieg auf der Königsetappe der Italienrundfahrt seinen großen Durchbruch gefeiert. Der 20. Tagesabschnitt des Giro d'Italia 2012 führte das Peloton durch die italienischen Alpen zum Stelvio oder Stilfser Joch, das ebenso viel Renommee und Status genießt wie der Ventoux. Für den damals 25-jährigen Flamen war es erst das zweite Mal, dass er an einem dreiwöchigen Abenteuer teilnahm. In Italien gelang es De Gendt, lange Zeit an den Favoriten um das Rosa Trikot dranzubleiben, sodass er nach 19 Etappen mit dem achten Platz in der Gesamtwertung schon einen Achtungserfolg vorweisen konnte. Auf der Königsetappe attackierte er am Mortirolo, dem vorletzten Anstieg des Tages, aus der Gruppe der Klassementfahrer heraus und setzte sich an die Spitze. Auf dem endlos langen Passo dello Stelvio musste dann ein verbliebener Ausreißer nach dem anderen abreißen lassen. Zwölf Kilometer vor dem Ziel startete De Gendt dann ein ziemlich beeindruckendes Solo, nicht zuletzt wegen des Vorsprungs, den er auf die Favoriten herausfahren konnte, die sich allerdings eher gegenseitig beäugten, als auf ihn zu achten. Dank dieses Coups gelang De Gendt nicht nur ein heldenhafter Etappenerfolg, er schob sich auch in der Gesamtwertung ein gutes Stück nach vorn. Zwei Tage später stand er in Mailand als Nummer drei auf dem Podium. Belgien glaubte, endlich wieder einen Fahrer für das Gesamtklassement zu haben, der in den folgenden Jahren eine Chance auf den Gesamtsieg bei einer der drei großen Rundfahrten haben könnte. Jahrzehntelang hatte die radsportbegeisterte Nation auf einen Nachfolger für Johan De Muynck gewartet, der 1978 beim Giro als letzter Belgier überhaupt bei einer Grand Tour gewinnen konnte.

Aber De Gendt war nicht in der Lage, diese Lücke zu füllen. Im Jahr 2013 startete er mit Ambitionen aufs Podium in die Tour, aber nach drei Tagen wies er bereits mehr als 23 Minuten Rückstand auf. Er kam bald zu dem Schluss, dass es nichts für ihn war, monatelang auf ein Rennen hinzuarbeiten, bei dem nichts schiefgehen durfte. Der damit verbundene Lebensstil und Stress waren nichts für ihn.

De Gendt entschied sich dafür umzuschulen, und er sollte recht behalten. Er wollte auf Etappensiege gehen, und neben seinem Erfolg auf dem Ventoux im Jahr 2016 konnte er tatsächlich Etappen bei mehreren großen Rennen gewinnen, wie der Spanienrundfahrt, dem Critérium du Dauphiné und der Katalonien-Rundfahrt. So wuchs er zu einem echten Ausreißerkönig heran; niemand konnte vom Start weg so brutal attackieren wie er. Fahrern, die versuchten, mit ihm mitzugehen, kamen in seinem Windschatten vor Anstrengung die Tränen. Einige konnten an einem guten Tag gerade so mit ihm mithalten, aber viel häufiger explodierten sie an seinem Hinterrad.

Der Flame erhob das Angreifen nicht nur zu einer Kunst, sondern auch zu einer Wissenschaft. Er wusste stets genau, wie lange er eine bestimmte Wattzahl bergauf treten konnte, wie sich das Verfolgerfeld verhalten würde und wie er sich in eine aussichtsreiche Position bringen konnte. Seit 2015 führte er sogar bei jedem Rennen Buch darüber, wie viele Kilometer er in einer Attacke gefahren war. In der Saison 2018 hatte er beispielsweise sage und schreibe 3.325 Kilometer vor dem Peloton abgespult, was ihm unter anderem das Gepunktete Trikot bei der Spanienrundfahrt einbrachte.

So stark er auch war, De Gendt wusste ebenso wie jeder andere, dass ein oder mehrere Angreifer im Prinzip gegen ein Peloton immer den Kürzeren ziehen. Die Kunst des Ausreißens besteht darin, die zahlenmäßig stärkere Verfolgergruppe zu überraschen oder mental zu brechen. An seinen besten Tagen gelang De Gendt beides, wie zum Beispiel auf der ersten Etappe der Katalonien-Rundfahrt 2019.

„Neunzig Prozent der Pläne scheitern. Selbst der beste Fahrer der Welt verliert mehr Rennen, als er gewinnt. Aber diese Etappe verlief genau nach dem Plan, den ich am Vortag geschmiedet hatte. Diese erste Etappe von und nach Calella war seit einigen Jahren immer gleich und konnte sich in zwei Richtungen entwickeln: Sie bot sowohl für Ausreißer als auch für Sprinter Chancen. Im Vorfeld hatte ich den Sportlichen Leitern von Lotto-Soudal gesagt, dass ich am liebsten in einer frühen Ausreißergruppe von sechs bis acht Fahrern unterwegs sein würde. Vorzugsweise mit ein paar starken Männern und einigen schmächtigeren Fahrern. Unterwegs wollte ich an den Anstiegen so viele Punkte wie möglich holen, um danach das Bergtrikot zu übernehmen. Der letzte Anstieg wartete etwa 50 Kilometer vor dem Ziel. An dessen Spitze musste ich einen Vorsprung von drei bis dreieinhalb Minuten herausgefahren haben, um eine realistische Chance auf den Sieg zu haben."

Am nächsten Tag fand sich De Gendt in einer Ausreißergruppe wieder, die aus sechs Fahrern bestand. 60 Kilometer vor dem Ziel ließ er seine Mitstreiter stehen und unternahm einen weiteren Alleingang. Am Fuße des Schlussanstiegs war der Vorsprung auf das Peloton auf zweieinhalb Minuten geschrumpft, doch der Hasardeur gab mächtig Gas und fuhr einen Vorsprung von etwa dreieinhalb Minuten heraus. Da er die Abfahrt wie seine Westentasche kannte, raste er mit vollem Tempo hinunter und dann weiter nach Calella. Im Ziel betrug sein Vorsprung auf das Feld immer noch fast drei Minuten. Auf dem letzten Kilometer nahm er etwas heraus und genoss seinen bevorstehenden Triumph, ansonsten wäre der Vorsprung sicher noch auf drei Minuten angewachsen. Sein Plan war fast auf die Sekunde genau und damit nahezu perfekt aufgegangen. Ein einzigartiges Kunststück, wusste De Gendt.

Dreieinhalb Monate später hatte er einen weiteren *breakaway* ins Visier genommen. Das achte Teilstück von Mâcon nach Saint-Étienne eignete sich perfekt für einen weiteren Versuch: eine knifflige 200-Kilometer-Etappe mit sieben kategorisierten Anstiegen. Zwei Tage zuvor war De Gendt auf dem Weg nach La Planche des Belles Filles ebenfalls in einer Ausreißergruppe mitgegangen und hatte festgestellt, dass sowohl die Form als auch die Beine in Ordnung waren.

„Da wusste ich, dass ich auf einer Etappe, die mir liegen würde, noch etwas probieren könnte. Bei einer großen Rundfahrt versuche ich erst gar nicht, zu weit vorauszuschauen. Ich ziehe es vor, von Tag zu Tag zu entscheiden. Am Abend vor der achten Etappe habe ich das Tourbuch aufgeschlagen und gesehen, dass sie sich eignete und ich es versuchen konnte. Angesichts der schweren Strecke hatte nur eine starke Fluchtgruppe die Chance, sich abzusetzen, und es war klar, dass es im Falle des Gelingens schwierig werden würde, diese Ausreißer wieder einzuholen."

Noch bevor er schlafen ging, begann für De Gendt die Vorbereitung auf die Etappe. Oder besser gesagt, das Gedankenspiel zwischen seinen Ohren. „Ich habe mir vorgenommen, dass ich die ersten zehn Minuten wirklich hart fahren und mein Bestes geben würde. Es würde wehtun, aber es würde allen wehtun. Ich versetzte mich also in eine Art Trance; ich musste mich mental auf die kommenden Schmerzen in den Beinen vorbereiten.

Ich passte auch meine Ernährungsstrategie an, ich würde ja vielleicht einen ganzen Tag lang eine Attacke fahren. Beim Frühstück aß ich mehr als sonst, und während der Busfahrt zum Startplatz schob ich noch ein paar Reiskuchen hinterher. Auf diese Weise gelangte das Essen nicht auf einmal, sondern nach und nach in den Verdauungstrakt. So wollte ich sicherstellen, dass ich über einen längeren Zeitraum ausreichend Energie zur Verfügung hatte und nicht Gefahr lief, zu unterzuckern."

Während der Busfahrt nahm er noch einmal das Tourbuch zur Hand und memorierte das Etappenprofil. De Gendt merkte sich die Länge und die Steigungsgrade sowie jeweils den Fuß der Anstiege. „Und die Distanzen zwischen den Anstiegen. Bei 80 Kilometern vor dem Ziel haben wir diesen kleinen Hügel, bei siebzig diesen Berg, bei sechzig jenen ... Je öfter ich das in meinem Kopf wiederholte, desto präsenter war die Strecke für mich auf der Etappe. So wusste ich immer genau, was wann kommt, und war nicht auf die Informationen aus dem Begleitfahrzeug angewiesen. Ich finde es beruhigend, am Start dies alles zu wissen, damit es keine bösen Überraschungen gibt.

Ein weiterer Vorteil war, dass ich wusste, wo unsere Betreuer entlang der Strecke standen. Normalerweise warten sie am oberen Ende einer Steigung. So konnte ich genau planen, wie lange ich mit einer Trinkflasche auskomme und wann ich ein Gel zu mir nehmen muss. Ich zog es ohnehin vor, die Gels erst am Gipfel eines Anstiegs zu nehmen. Am Fuß des Berges ist es weniger sinnvoll, da ich den Zucker dann zu schnell verbrauche, weil wegen der Belastung mein Puls in die Höhe schießt. Zu Beginn der Abfahrt sinkt meine Herzfrequenz dann wieder, und mein Körper kann die Kohlenhydrate langsamer aufnehmen."

Voller Ambitionen und Kampfgeist ging De Gendt in Mâcon an den Start – ohne auch nur eine Sekunde lang an den Etappensieg zu denken. Als Ausreißspezialist wusste er besser als jeder andere, dass so viele Faktoren eine erfolgreiche Flucht beeinflussen, dass es keinen Sinn hat, zu weit vorauszuschauen. Er hatte jetzt nur eine Sorge: Er musste es in die Ausreißergruppe schaffen, die den Segen des Pelotons erhielt.

„Das Gerangel begann schon während der neutralisierten Phase, noch bevor der offizielle Startschuss erfolgte. Das Tempo war gleichmäßig, aber ich musste meine Ellbogen einsetzen, um mich in den ersten beiden Reihen hinter dem Wagen des Tourdirektors einzusortieren. Benjamin King war ebenfalls dort und sprang nach dem Startsignal sofort weg. Ich ging mit, und Niki Terpstra hängte sich an mein Hinterrad. Etwas später gesellte sich auch Alessandro De Marchi zu uns. Als wir sahen, dass wir eine Lücke gerissen hatten, pedalierten wir aufs Geratewohl weiter und schauten nicht zurück. In diesem Moment habe ich nicht an die kommenden Anstiege gedacht. Ich war nur damit beschäftigt wegzukommen. Erst als das Peloton dann rausnahm, konnte ich mir Gedanken über die Strategie für den Rest der Etappe machen."

Das große Feld ließ die Ausreißer ziehen, und ihr Vorsprung wuchs auf etwa fünf Minuten an. Mit De Marchi, Terpstra und King war De Gendt mit drei Hasardeuren unterwegs, die auch gerne mal ein bisschen härter fuhren, und so klappte die Zusammenarbeit gut. „Ich habe versucht, so nah dran wie möglich, aber doch unterhalb meiner Schwelle zu fahren. Wenn man darüber hinausgeht, übersäuern die Muskeln über kurz oder lang und man verbraucht mehr Kohlenhydrate. Aufgrund des Fünf-Minuten-Abstands wusste ich, dass die Fahrer an der Spitze des Pelotons über ihre Schwellenleistung gehen mussten, aber sie konnten das Tempo nicht so lange durchhalten wie wir. Der Versuch hat sie aufgezehrt, und als wir dann diesen großen Vorsprung hatten, war klar, dass die Gesamtführenden im Peloton dieses große Loch nicht schließen konnten, ohne dabei ihre Domestiken aus den Stiefeln zu fahren.

Beim Studium des Etappenprofils hatte ich mir schon vorher ausgerechnet, an welchem Punkt wir mit der Fluchtgruppe nochmals antreten konnten: innerhalb der Verpflegungszone 80 Kilometer vor dem Ziel. An dieser Stelle stehen oft die Betreuer aller Teams mit Trinkflaschen und Verpflegungsbeuteln, und das Feld muss das Tempo etwas drosseln. Wir hingegen haben dort noch mal angezogen und eine Minute Vorsprung quasi kostenlos herausgefahren. Von da an lief es richtig."

Laut De Gendt ist eine der wichtigsten Eigenschaften eines guten Ausreißers die Fähigkeit, sich an eine veränderte Situation auf der Strecke anzupassen. Dazu war er gezwungen, als Terpstra und King das Tempo bergauf nicht mehr mitgehen konnten und abreißen lassen mussten. Nur De Marchi konnte mitgehen, und das 70 Kilometer vor dem Ziel.

„Ich hatte gedacht, sie würden länger dranbleiben. Mein Glück war, dass De Marchi auch sehr stark war. Er mochte es einfach, wenn so hart wie möglich gefahren wurde, und wir machten in der Folge gemeinsame Sache. Auch als er in der Abfahrt in einer Kurve geradeaus fuhr und ich dadurch fast in ein geparktes Motorrad gekracht wäre. Ich hätte danach durchziehen können, er wäre vielleicht nie mehr zurückgekommen. Aber stattdessen habe ich auf ihn gewartet; wir hatten die besten Chancen, wenn wir gemeinsam weiterfuhren."

Am Côte de la Jailliere, dem Schlussanstieg vor dem Finale, gingen schließlich auch für De Marchi die Lichter aus. Gerade als der Italiener vom dezimierten Feld eingeholt wurde, setzte Julian Alaphilippe zu einer fulminanten Attacke an, um das Gelbe Trikot zurückzuerobern, das er einige Tage zuvor hatte abgeben müssen. Der Einzige, der ihm folgen konnte, war sein Landsmann Thibaut Pinot. Vom Gipfel des Anstiegs bis zum Ziel waren es noch über zwölf Kilometer, und De Gendts Vorsprung war auf 32 Sekunden geschrumpft.

„Unser Begleitfahrzeug fuhr nun hinter dem, was vom Peloton noch übrig war. Die Sportlichen Leiter mussten sich im Auto mit den TV-Bildern begnügen. Aber je näher man bei der Tour einer Stadt kommt, desto schlechter wird der Empfang. Ich wusste, dass Alaphilippe angegriffen hatte und dass der Abstand schnell kleiner geworden war, aber nicht die genauen Zeitabstände. Jedes Mal, wenn ich mich umschaute – ich sah ihn nicht kommen. Bei Kilometer drei wartete noch ein letzter Stich mit etwa 700 Metern bergauf. Dort durfte ich keinesfalls nachlassen. Es war der schmerzhafteste Moment während der ganzen Etappe. Ich hatte unterwegs zwischen 14 und 17 Gels zu mir genommen, ansonsten nichts an fester Nahrung. Ich war voller Laktat und wirklich kurz davor, über den Lenker zu kotzen. Dieser letzte Stich war die Hölle. An diesem Abend plagte mich mein Magen bis zum Schlafengehen. So dermaßen viele Gels sind alles andere als bekömmlich."

De Gendt rettete den Vorsprung mit Hängen und Würgen über den Scheitelpunkt und stürzte sich in die kurze Abfahrt nach Saint-Étienne, ohne zu wissen, wie groß der Abstand zwischen ihm und den beiden französischen Verfolgern war. Sein einziger Indikator war der Lärm der Zuschauer hinter ihm. „Der Jubel für Alaphilippe und Pinot war ein bisschen lauter als der für mich. Auf den letzten zwei Kilometern standen weniger Menschen Spalier, und ich konnte ungefähr hören, wo sie gerade sein mussten. Da ich die Stelle nur kurz zuvor passiert hatte, wusste ich, dass mein Vorsprung nicht mehr als zwölf oder 13 Sekunden betragen konnte. Ich hatte die ganze Zeit im Kopf, dass ich, wenn sie mich einholen würden, immer noch den Sprint gewinnen konnte. Schließlich ging es ihnen mehr um das Gelbe Trikot als um Etappensiege."

Die letzten Kilometer waren sehr verwinkelt, mit vielen Kurven. Wieder gab es viel Gedränge entlang der Strecke, aber dieses Mal standen die Fans fein säuberlich aufgereiht hinter den Absperrungen. 500 Meter vor dem Ziel schaute De Gendt zurück. Da kamen Alaphilippe und Pinot! Auf der breiten Allee hatte er einen guten Überblick und sah fast sofort, dass er einen uneinholbaren Vorsprung vor den beiden Verfolgern hatte. Bis dahin hatte für ihn alles unter der Maxime gestanden, alles zu geben, um eine Chance auf den Sieg zu haben. Bei 150 Metern warf er noch zweimal einen Blick zurück, um ganz sicher zu sein. Dann richtete De Gendt sich auf und schlug die Hände vors Gesicht. Noch bevor er die Ziellinie überfuhr, überkamen ihn die Emotionen. Er ballte die Fäuste und stieß einen Siegesschrei aus – es brach nur so aus ihm heraus und war der Leistung, die er gerade vollbracht hatte, völlig angemessen. Der Kontrast zu all der Hektik auf dem Ventoux drei Jahre zuvor hätte kaum größer sein können.

Hätte man ihm ein leeres Blatt gegeben, um aufzuschreiben, was er für das bestmögliche Szenario für einen Etappensieg bei der Tour hielt, er hätte es genauso festgehalten wie den Verlauf des Rennens an jenem 13. Juli 2019. Von Beginn an attackieren, den ganzen Tag leiden, alle anderen Ausreißer abhängen und nach 200 Kilometern triumphieren, indem er die beiden besten französischen Fahrer, die zu diesem Zeitpunkt um das Maillot

Jaune kämpfen, knapp hinter sich lässt. Nicht umsonst verbeugte sich das Peloton anschließend im übertragenen Sinne vor dieser Meisterleistung. Jeder wusste um seine Qualitäten, aber so etwas hatte man nicht oft zuvor gesehen.

„Was mir von den letzten Metern am meisten in Erinnerung geblieben ist, war meine eigene Überraschung. Ich konnte gar nicht begreifen, dass es wirklich funktioniert hatte. Damals nicht und auch jetzt nicht. Ich kann es immer noch nicht fassen. Als Ausreißer kann man so viel planen, wie man will – es gibt 22 Mannschaften, die ebenfalls einen Plan verfolgen. Aber nur einer funktioniert am Ende auch, und das war an diesem Tag zufällig meiner. Für mich sind Rennen voller Emotionen. Auf dem Ventoux waren sie noch nicht da, aber jetzt waren sie da. Ich habe nicht einmal daran gedacht, die Hände in die Luft zu recken, wie es üblich ist. Die Emotionen haben mich völlig überwältigt."

Für De Gendt ist es einer der drei schönsten Triumphe seiner Karriere, neben seinen beiden Etappensiegen beim Giro. Nicht nur wegen des emotionalen Wertes, sondern auch aufgrund der Wattzahlen, die er an diesem Tag vorweisen konnte. „2019 hatte ich das beste Jahr meiner Karriere. Fast alle meine persönlichen Rekorde in Sachen Wattwerte stammen aus dieser Zeit. Diese Tour-Etappe war der absolute Höhepunkt, sowohl vom Gefühl als auch von der Leistung her. Mein Rennen dauerte genau fünf Stunden und 17 Sekunden. Schade, dass ich nicht 17 Sekunden schneller war, dann wäre ich diese 200 Kilometer in genau fünf Stunden gefahren. Das wäre noch schöner gewesen. In dieser Zeit habe ich eine Durchschnittsleistung von 340 Watt erbracht, mit Abstand die beste Leistung, die ich je über eine so lange Strecke treten konnte. Dieser Wert ist für mich das Maß aller Dinge."

Der schönste Schauplatz seiner drei größten Erfolge ist mit Abstand der Sieg auf dem Stelvio im Jahr 2012. Sein zweiter Etappensieg beim Giro – zehn Jahre später in Neapel – hat vor allem persönlichen Wert, da er nach zwei Jahren voller Rückschläge bewies, dass er noch nicht zum alten Eisen gehörte. Andererseits ist der Sieg in Saint-Étienne das beste und schönste Szenario, das er sich hätte vorstellen können.

„Bei der Tour zu gewinnen ist sowieso schon sehr schwierig. Wenn man es zweimal schafft, ist das wie eine Bestätigung. Für mich persönlich war das sehr wichtig. Es gibt viele Fahrer, die in ihrer ganzen Karriere nur einen großen Sieg erringen, und das ist vielleicht eine Etappe bei einer der drei großen Rundfahrten. Das ist natürlich schön, aber oft gehört auch ein bisschen Glück dazu. Und das ist auch der Grund, warum ich nach dem Ventoux noch ein zweites Mal in Frankreich gewinnen wollte: um zu zeigen, dass das erste Mal kein Zufall war."

daryl impey

DER LANGE WEG NACH BRIOUDE

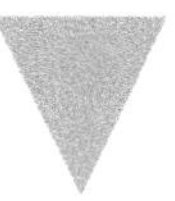

„Ein letztes Mal zog ich die Tür zu meiner Wohnung in Girona hinter mir zu. Es war März 2011, ich war nach Spanien geflogen, um aufzuräumen. Die Monate zuvor hatte ich in Südafrika verbracht und einige lokale Rennen mit MTN-Qhubeka bestritten, einem kleinen Continental-Team, das mir einen Rettungsring zugeworfen hatte. Ursprünglich hatte ich vorgehabt, in diesem Jahr für Pegasus zu fahren, einem neuen australischen Team, aber das Projekt scheiterte wegen fehlender Sponsoren. Plötzlich stand ich ohne Team da. Ich rief jeden an, den ich in der europäischen Radsportszene kannte, aber es war bereits Dezember, und alle freien Plätze für die neue Saison waren vergeben. Es blieb mir nichts anderes übrig, als meinen Stolz herunterzuschlucken und in mein Heimatland zurückzukehren. Ursprünglich hatte ich meine Wohnung in Katalonien behalten wollen, aber ich verdiente nicht genug Geld, um die Miete weiter zu bezahlen. Ich brachte einen Teil meiner Habseligkeiten bei Daniel Martin unter, einem befreundeten Radprofi, der ebenfalls in Girona lebte – stets mit der Hoffnung im Hinterkopf, dass sich vielleicht doch noch die Chance auf eine Rückkehr ergeben würde. Die Sachen, die ich nicht bei Dan gelassen hatte, nahm ich mit. Mit einem 35 Kilogramm schweren Rucksack reiste ich so zur Tour du Maroc an. Sechs Monate zuvor war ich noch als ProTour-Fahrer mit RadioShack, dem Team von Lance Armstrong, bei den größten Rennen angetreten. Ich dachte, ich hätte es als Profifahrer geschafft. Jetzt fand ich mich plötzlich in einer völlig anderen Welt wieder. Bei der Marokko-Rundfahrt mit MTN hatten wir keinen großen Teambus zur Verfügung, sondern nur ein Begleitfahrzeug, und vor und nach den Etappen haben wir uns am Straßenrand umgezogen. Ich hoffte, dass sich mein Glück wieder wenden würde, ich wollte alles dafür tun. Aber als ich Girona den Rücken kehrte, fürchtete ich auch, dass es mit meinem europäischen Traum vorbei sei.

2005 hatte ich mich schon einmal nach Europa aufgemacht und mich einem Amateurverein in Marseille angeschlossen. Eine sehr lehrreiche, aber harte Zeit. Ich fand es schwierig, weit weg von zu Hause zu sein und in einem fremdsprachigen Land zu leben. Deshalb beschloss ich, nach Südafrika zurückzukehren und dort wieder Rennen zu fahren. Bei einem dieser Events kam ich mit Robert Hunter ins Gespräch, dem damals besten Radprofi Südafrikas, der für Phonak fuhr und bereits zwei Etappen bei der Spanienrundfahrt gewonnen hatte. Nachdem ich ihn einmal besiegen konnte, zeigte er Unverständnis darüber, warum ich hier überhaupt Rennen fahre. Robbie meinte, ich solle nach Europa gehen. Damals klang das nicht so verlockend.

Ein Jahr später, 2007, war er der erste Südafrikaner, der – zu jener Zeit als Fahrer bei Barloworld unter Vertrag – eine Etappe der Tour de France gewann. Später in dieser Saison kontaktierte mich Robbie dann und teilte mir mit, dass es eine Möglichkeit für mich gäbe, in sein Team zu kommen. Barloworld war ein Sponsor aus Südafrika, und er hatte sich bei der Sportlichen Leitung für mich starkgemacht. Robbie stieß die Tür nach Europa für mich weit auf. Sein Etappensieg bei der Tour ließ mich glauben, dass es auch für mich möglich war, eines Tages die höchste Stufe zu erreichen. Ich zog nach Italien, und das war der Beginn einer neuen Reise.

In dieser ersten Saison bei Barloworld im Jahr 2008 wollte ich vor allem so viel wie möglich lernen. Die Tour de France war mir völlig schnurz, ich hatte vor allem Spaß an den großen Klassikern wie Paris-Roubaix. Ein Jahr später, bei der Türkeirundfahrt, war ich dann in einen schweren Sturz mit Theo Bos verwickelt. Ich brach mir unter anderem den Rücken und war monatelang außer Gefecht. Ende 2009 hörte Barloworld auf zu existieren, und ich musste mich nach einem neuen Team umsehen. Ich hatte mich gerade erst von meiner schweren Verletzung erholt, und niemand wollte mich verpflichten. Wieder war es Robbie, der mir zu Hilfe kam. Er wurde von Johan Bruyneel angesprochen, zu RadioShack zu wechseln, aber er verwies stattdessen auf mich. Bruyneel sollte mir eine Chance geben, und so bin ich also bei RadioShack gelandet. Ich hatte kein großartiges, aber ein gutes Jahr dort. Danach kam der Plan, zu Pegasus zu gehen, aber das hat nicht geklappt. Am Ende habe ich also ein zweites Mal meine Koffer gepackt und kehrte nach Südafrika zurück.

Die Teilnahme an der Marokko-Rundfahrt hat mich ein wenig Demut gelehrt. In gewisser Weise hatte ich es bei RadioShack als selbstverständlich angesehen, Profiradsportler zu sein. Das ist eine Welt, in der alles gut organisiert und durchstrukturiert ist. Jetzt fuhr ich bei MTN-Qhubeka. Das Team stellte Kleidung, Material und Support bei den Rennen und zahlte ein kleines Gehalt. Es reichte, um Rennen zu fahren, aber alles andere musste ich selbst organisieren. Am Anfang war das schwierig. Ich musste mich an diese neue Situation gewöhnen, aber ich wusste auch, dass es meine einzige Chance war.

Nach meiner Rückkehr nach Südafrika wurde mir klar, dass ich immer noch Radprofi werden wollte, und ich begann sehr hart zu trainieren. Ich gab mir ein Jahr Zeit, um es zurück nach Europa zu schaffen, und ich schwor mir, wirklich alles dafür zu tun. Mit dieser Einstellung bin ich dann zu den Rundfahrten in Marokko und im Iran gereist. Ich wusste, dass es kleine, eher unbedeutende Rennen waren, aber ich musste sie angehen, als wären sie die Tour de France. Mit einem professionellen Ansatz. Mein Ziel war es, eine Etappe zu gewinnen und gut in der Gesamtwertung abzuschneiden – ich musste um jeden Preis auffallen. Vielleicht würde ich nach einem Sieg oder einer Reihe von guten Ergebnissen von einem größeren Team unter Vertrag genommen werden.

In der Zwischenzeit hatte ich die ganze Zeit über E-Mails an Teams in Europa geschickt und gefragt, ob sie einen Platz für mich hätten. Plötzlich meldete sich das Team NetApp (ein deutsches Team auf der zweithöchsten Ebene) und bot mir einen Vertrag über sechs Monate bis Ende 2011 an. Ich beschloss, mitten in der Saison auf den fahrenden Zug aufzuspringen, und sagte zu. Bei MTN hat man verstanden, welche Chance sich mir bot, und mich ziehen lassen. Nach der Iran-Rundfahrt bin ich dann nicht nach Südafrika, sondern direkt nach Europa geflogen. Eine Woche später war ich bei der Bayern Rundfahrt am Start, und Anfang Juni dann bei der Tour de Suisse.

Ich kehrte nach Girona zurück. Da ich nur einen sechsmonatigen Kontrakt hatte und nicht wusste, wie es in der nächsten Saison weitergehen würde, bezog ich das Zimmer in Dan Martins Wohnung, wo ich einige meiner Sachen abgestellt hatte. Es lief dann recht gut bei NetApp, und am Ende des Jahres wurde ich von Orica-GreenEdge angesprochen (einem neuen Team aus Australien, das 2012 in die WorldTour, den Nachfolger der ProTour, aufsteigen würde). Ich kannte ein paar der Jungs, die bereits bei diesem Team unterschrieben hatten, und sie hatten ein gutes Wort für mich eingelegt. Ich war der allerletzte Fahrer, der verpflichtet wurde.

Ich hatte es geschafft, bei Orica unterzukommen, wenn auch nur mit einem Einjahresvertrag. Ich wusste, dass ich jetzt oder nie den nächsten Schritt in meiner Karriere machen musste. Wenn ich dieses eine Jahr nicht nutzte, würde mir die Tür bei anderen Teams – zumindest auf diesem Niveau – wahrscheinlich auf ewig versperrt sein. Ich sah es als meine letzte Chance, es im Radsport zu schaffen. Deshalb habe ich versucht, mich in kurzer Zeit zu einem unverzichtbaren Teil der Mannschaft zu entwickeln. Ich bin für die Sprinter angefahren und habe mich für die Kapitäne ins Zeug gelegt. Damit hatte ich meine Nische innerhalb der Mannschaft gefunden. Ich durfte zum Giro d'Italia, wurde aber in der letzten Woche aus dem Rennen genommen. Die Teamleitung war der Auffassung, dass meine Form zu gut war, um mich im Juli zu Hause zu lassen. Ich debütierte stattdessen bei der Tour de France, und das, obwohl ich anfangs nicht einmal auf der erweiterten Liste der potenziellen Kandidaten stand.

Danach kam meine Karriere dann richtig in Schwung. Ich bin meine erste Tour gefahren, habe mich unermüdlich abgerackert, aber ich habe es nach Paris geschafft. In diesem Jahr habe ich im Grunde den Grundstein für den Rest meiner Laufbahn gelegt. Mein Vertrag wurde verlängert, ich fuhr in den Hafen der Ehe ein, und meine Frau siedelte nach Girona über, wo wir eine eigene Wohnung bezogen. Während meiner früheren Zeit bei Barloworld war ich allein in Europa, und mit der Fernbeziehung hatte ich so meine Probleme. Meine Frau hatte jetzt ihre Karriere als Anwältin zurückgestellt, und nun widmeten wir uns gemeinsam dem Radsport. Wir waren gemeinsam dabei und wollten alles tun, um das Beste daraus zu machen.

2013 wurde unser erstes Kind geboren, und ich erlebte mein bestes Jahr auf dem Rad. Bei der Tour hatte ich die Führungsarbeit für meinen Teamkollegen Simon Gerrans übernommen, als er auf der dritten Etappe im Sprint die Nase vorn hatte. Am nächsten Tag gewannen wir das Mannschaftszeitfahren, und ich trug sogar zwei Tage lang das Gelbe Trikot (als erster Südafrikaner in der Geschichte der Tour). In diesen ersten beiden Jahren bei Orica habe ich riesige Sprünge gemacht. Ich hatte ein Team gefunden, in dem ich mich wohlfühlte und das Gefühl hatte, einen wichtigen Beitrag leisten zu können. Zum ersten Mal dachte ich wirklich, Teil der großen Radsportfamilie zu sein.

Nach Gerrans Sieg im Jahr 2013 sollte es bis 2016 dauern, bis wir mit Michael Matthews eine weitere Tour-Etappe gewinnen konnten. Wieder einmal war ich der letzte Helfer. Jeder in unserem Team hatte wahnsinnig geschuftet, aber für mich war es etwas Besonderes, der letzte Mann zu sein, der seinem Teamkollegen zum Sieg verhalf. Abgesehen davon, dass ich im Finale dabei sein musste – was einen gewissen Druck mit sich brachte –, war mir durchaus bewusst, dass wir mit Matthews bessere Chancen auf den Sieg hatten als mit mir. Sowohl Gerrans als auch er waren einfach ein bisschen endschneller als ich. Wenn ich meine Aufgabe im Sprint so erledigte, wie ich es sollte, hatten wir eine gute Chance, mit ihnen zu gewinnen. Ich war in gewisser Weise stolz auf diese (Selbst-)Erkenntnis und konnte mich daher über unsere Siege sehr freuen. Analysten und Kommentatoren lobten meine Helferdienste, und das reichte mir. Ich fühlte mich in dieser Rolle wohl und genoss es, auf diese Weise an einem Erfolg beteiligt zu sein. Auch weil ich damals dachte, ich sei nicht gut genug, um selbst zu gewinnen. Zwar sagten mir viele Leute, dass ich es durchaus schaffen könnte, aber ich hatte das Gefühl, dass ich nicht die gleiche Siegermentalität mitbrachte wie die Teamkollegen, denen ich half. Dass ich ein guter Anfahrer war, daran hatte ich keinen Zweifel. In diesem Bereich war ich in meinen Augen einer der Besten im Peloton. Aber selbst zu gewinnen, das ist eine andere Geschichte.

In den folgenden Jahren wechselten Gerrans und Matthews zu anderen Teams. Das Team war also auf der Suche nach einem neuen Sprinter, der Siege einfahren konnte. Inzwischen war ich in meiner Karriere schon etwas weiter und hatte fast alle Rollen ausgefüllt: zunächst als Helfer, dann als Anfahrer des Sprintzugs und schließlich als Edeldomestike. Ich hatte schon einen langen Weg hinter mir und spürte, dass es an der Zeit war, die Verantwortung als *der* Mann zu übernehmen, der für den Erfolg sorgte. Das Team gab mir dann die Chance, bei einigen Rennen in die Kapitänsrolle zu schlüpfen, und ich gewann die Tour Down Under zwei Jahre in Folge (2017 und 2018). Mit diesen Leistungen wuchs auch mein Selbstvertrauen.

Ein Jahr später gingen wir mit einer Menge Druck in die Tour, denn seit Matthews' Sieg waren wir in Frankreich nicht mehr erfolgreich gewesen. Die Durststrecke dauerte nun schon ein paar Jahre, und die Sponsoren waren an einem Punkt angelangt, an dem sie die ewige Leier leid waren, dass wir wieder Zweiter geworden waren und es leider, leider, wieder mal nicht geschafft hatten. Wir mussten langsam mal gewinnen! Auf der neunten Etappe nach Brioude war ich in der Ausreißergruppe, in der sich prominente Fahrer wie Tiesj Benoot, Jan Tratnik, Jasper Stuyven, Simon Clarke, Oliver Naesen, Nicolas Roche und Marc Soler befanden. Hätte ich im Voraus gewusst, mit wem ich unterwegs sein würde, hätte ich mir vielleicht eine 15-prozentige Chance ausgerechnet. Aber ich hatte gute Beine und genug Selbstvertrauen. Ich habe inzwischen daran geglaubt, dass es mir an einem guten Tag möglich ist zu gewinnen. Auf dem Weg nach Brioude kam dann alles zusammen. Ich konnte mich allein mit Benoot absetzen und dann den Sprint für mich entscheiden. Ganz zu schweigen davon, an welchem Tag es mir gelungen ist: Etappen am französischen Nationalfeiertag sind immer besonders prestigeträchtig.

Im Ziel war ich vor allem erleichtert. Nicht nur für die Mannschaft, sondern auch für mich selbst. Irgendwie hatte ich das Gefühl, dass ich es nach allem, was ich durchgemacht hatte, verdient hatte, irgendwann in meiner Karriere eine Tour-Etappe zu gewinnen. Es war unfassbar schwer gewesen, aber jetzt hatte ich es geschafft.

Und es war zudem etwas ganz Besonderes, weil ich im Trikot des Südafrikanischen Meisters gewonnen habe. Als ich die Ziellinie passierte, zeigte ich mit den Fingern auf die Flagge auf meinem Trikot. Das war eine impulsive Aktion, aber es steckte etwas dahinter. Ich wollte zeigen, woher ich komme. Dass ich ein stolzer Südafrikaner bin. Und dass ich *bloody hard* gearbeitet hatte, um dieses Ziel zu erreichen.

Viele Menschen wissen nicht, wie schwierig es für Südafrikaner – und Afrikaner im Allgemeinen – ist, nach Europa zu kommen. Die Grenzen sind für uns nicht so durchlässig wie für, sagen wir, Australier. Es ist nicht so, dass andere Länder unseren Pass einfach so akzeptieren und wir mit offenen Armen empfangen werden. Das geht oft nicht, ohne dass wir uns einer Anhörung unterziehen und alle möglichen Dokumente vorlegen müssen. Und die Bürokratie in Afrika ... Die Beantragung eines Visums oder anderer Papiere ist der reinste Albtraum. Es dauert nicht nur ein paar Tage, sondern auch mal acht Wochen, bis man alles beisammen hat. Man kann sich sogar glücklich schätzen, wenn die Angelegenheit innerhalb dieses Zeitraums erledigt ist. Es gibt so viele Dinge im Hintergrund zu beachten, die es Afrikanern nicht leicht machen zu reisen. Wenn sie es schließlich nach Europa schaffen, erleben sie einen gewaltigen Kulturschock. Wegen der Sprachbarriere, und weil das Leben viel teurer ist. All das macht es zu einer großen Herausforderung.

Mit meinem Sieg bei der Tour wollte ich den Menschen in Südafrika zeigen: Wir können es auch schaffen. Ich hatte das Gefühl, dass ich Beispiel und Inspiration zugleich für junge Fahrer in unserem Land sein könnte, so wie Robbie es einst für mich gewesen war. Abgesehen von der bedingungslosen Unterstützung durch meine Frau und meine Familie wäre ich ohne ihn nicht mal in die Nähe der Tour de France oder überhaupt Europa gekommen. Er hat sich stets für mich eingesetzt, wenn ich einen kleinen Schubser nötig hatte. Dafür werde ich ihm für immer dankbar sein.

All diese Emotionen waren in dem Moment da, als ich auf mein Trikot zeigte. Ich wollte Südafrika zurück auf die Landkarte der Radsportwelt bringen. In meinem Inneren fühlte ich einen unglaublichen Stolz. Ich war stolz auf mein Land und auf mich selbst, weil ich es endlich geschafft hatte, etwas für mich zu erreichen."

mathieu van der poel

GELB FÜR POUPOU

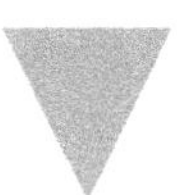

Ein 26-jähriger Mann im lila-gelben Trikot seiner Mannschaft meldet sich Ende Juni 1962 in Nancy zur ersten Etappe der Tour de France. Es ist ein besonderer Moment für ihn. Heute erlebt er seine Feuertaufe beim größten Rennen des Jahres. Er freut sich wahnsinnig auf sein Debüt, denn es ist bereits seine dritte Saison bei den „großen Jungs". In dieser Zeit hat er sich im Peloton bereits einen Namen gemacht. Auf seinem Palmarès steht bereits ein viel beachtetes Monument, das er ein Jahr zuvor gewonnen hatte. In der gleichen Saison war er auch Landesmeister geworden.

In Anbetracht seines Alters konnte man ihn durchaus als Spätzünder bezeichnen. Als sein Zeitgenosse und Tour-Titelverteidiger Jacques Anquetil seinen ersten Tour-Sieg errang, kam seine Karriere als Amateurfahrer gerade erst ins Rollen. Für den Bauernsohn aus dem Limousin war der Horizont lange Zeit nur der Zaun an der Grundstücksgrenze des Hofs, auf dem er mit seiner Familie lebte. Bis er mit dem Radsport in Berührung kam und sein Leben eine völlig andere Wendung nahm. Mehr als ein Jahrzehnt nachdem er sein erstes Fahrrad bekommen hatte, stand er nun am Start seiner ersten Tour, die linke Hand in Gips, um einen gebrochenen Finger zu schienen, den er sich bei einer Trainingsfahrt zur Vorbereitung auf die Große Schleife zugezogen hatte.

Seine erste Teilnahme wurde ein durchschlagender Erfolg, auch wenn es zunächst nicht danach aussah. Erst zur Halbzeit, nachdem die Tour die Pyrenäen hinter sich gelassen hatte, gelang ihm eine Top-Ten-Platzierung beim Einzelzeitfahren nach Superbagnères. In der letzten Woche war sein Motor dann endlich warmgelaufen, und er war nicht mehr zu stoppen. Auf den schweren Alpenetappen mischte sich der Fahrer von Mercier-BP-Hutchinson unter die besten Bergziegen des Rennens, und kletterte dank eines Soloerfolgs auf der Bergetappe nach Aix-les-Bains auch im Gesamtklassement nach oben. Sein Etappensieg spülte ihn vom neunten auf den dritten Platz. Diese Position gab er nicht mehr ab, und drei Tage später stand er zusammen mit dem Sieger Anquetil und dem Zweitplatzierten Joseph Planckaert auf dem Siegerpodest in Paris. Es war die Krönung eines denkwürdigen Debüts. Die Grande Nation hatte einen neuen Radsporthelden. Sein Name: Raymond Poulidor.

Fast 60 Jahre später – 59, um genau zu sein – gab ebenfalls ein 26-jähriger Mann Ende Juni 2021 in Brest sein Tour-Debüt. Bei der Teampräsentation trug er ein lila-gelbes Outfit, das sein Team eigens für diesen Anlass angefertigt hatte. Auch er war in seiner dritten Saison als Profi auf der Straße, auch er hatte ein Jahr zuvor sein erstes Monument gewonnen und einige Monate später bei den nationalen Meisterschaften in seinem Heimatland ganz oben auf dem Podium gestanden. Dass es eine Weile gedauert hatte, bis er sich auf dieses französische Abenteuer namens Tour einließ, hatte vor allem damit zu tun, dass er seine Prioritäten anders ausrichtete. Als begeisterter Mountainbiker hatte er seinen Fokus in den letzten Jahren neben seinen geliebten Querfeldeinrennen weitestgehend auf die Olympischen Spiele ausgerichtet. Er träumte von MTB-Gold in Tokio.

Eigentlich hätte diese Mission schon ein Jahr früher abgeschlossen sein sollen, aber durch den Ausbruch der Corona-

Pandemie wurden die Spiele um zwölf Monate verschoben, und auf seine erste Teilnahme an *La Grande Boucle* wollte er nicht länger warten. So beschloss er, nach einer Vorbereitungszeit auf dem Mountainbike wieder aufs Rennrad umzusatteln und sich während der Frankreichrundfahrt die Form für die Olympischen Spiele zu holen. Aber nicht nur das. Ein Champion wie er, durch und durch ein Gewinnertyp, fuhr nicht nur zur Tour, um einfach daran teilzunehmen. Er wollte eine Etappe gewinnen, und wenn alles optimal lief, war sogar die schönste aller Belohnungen möglich: das Maillot Jaune, das begehrteste Trikot im Radsport. Gewonnen und getragen von vielen großen Namen der Vergangenheit, aber nicht von allen Spitzenfahrern.

Der Frischling hatte also neben seiner olympischen Mission noch ein zweites Ziel vor Augen. Auf den ersten beiden Etappen gehörte er nicht nur zu den Anwärtern auf den Tagessieg, sondern auch auf Gelb. Obwohl er wusste, dass es gegen die anderen Kapitäne und Supertalente nicht gerade leicht werden würde. Mathieu van der Poel wollte es trotzdem versuchen – für seinen Großvater Raymond Poulidor oder kurz „Poupou". Der hatte die Tour de France 14-mal bestritten. Zwischen 1962 und 1976 verpasste er nur eine einzige Ausgabe, die von 1971. Nur zweimal kam er nicht in Paris an, aber bei den restlichen zwölf Teilnahmen fuhr er achtmal aufs Podium: Dreimal wurde er Zweiter, fünfmal Dritter. Das brachte ihm den Spitznamen „Der ewige Zweite" ein, was übrigens angesichts seiner Bilanz eine recht seltsame Beschreibung war. In seiner 18-jährigen Karriere gewann Poulidor unter anderem die Spanienrundfahrt, Mailand-San Remo, zweimal Paris-Nizza und die Dauphiné Libéré sowie die Flèche Wallonne (dt. Wallonischer Pfeil), außerdem konnte er vier Etappensiege bei der Vuelta und sieben bei der Tour verbuchen. In seinem Palmarès fehlten nur vereinzelte Prestigeerfolge, darunter allerdings ein Gesamtsieg bei der Tour de France. Poulidor hatte das Pech, dass seine Karriere in die Ära von Jacques Anquetil und Eddy Merckx fiel, zwei der besten Radsportler aller Zeiten. Und auch in den seltenen Fällen, in denen einer dieser

Granden mal unpässlich war, hielt ihm das Pech die Treue: 1968 wurde er von einem Motorrad über den Haufen gefahren, und 1973 stürzte er bei der Abfahrt vom Portet d'Aspet. Beide Male konnte er das Rennen nicht fortsetzen und musste aufgeben.

Seine beste Chance auf den Gesamtsieg bei der Tour hatte er 1964, als er vor der 20. Etappe nur 56 Sekunden hinter Anquetil lag. Hinauf zum Puy de Dôme lieferte sich Poulidor ein denkwürdiges Duell mit dem Träger des Gelben Trikots. Kilometerlang fuhren sie Ellbogen an Ellbogen bergauf. Anquetil litt wie noch nie zuvor und war kurz vorm Explodieren, aber Poulidor bekam es nicht oder nur am Rande mit und verpasste es, ihm den Gnadenstoß zu versetzen. Sein Angriff auf dem letzten Kilometer erfolgte zu spät, er holte nur 42 Sekunden Vorsprung auf Anquetil heraus, der somit 14 Sekunden Vorsprung in der Gesamtwertung ins Ziel rettete. Außerdem hatte der Führende der Gesamtwertung als anerkannter Zeitfahrspezialist noch einen Vorteil auf seiner Seite, denn zwei Tage später stand ein Rennen gegen die Uhr an. Auf dieser Etappe von Versailles nach Paris büßte Poulidor 21 Sekunden auf Anquetil ein und wurde schließlich mit weniger als einer Minute Rückstand Zweiter.

Trotz seiner zahlreichen Teilnahmen, Etappensiege und Podiumsplatzierungen gelang es Raymond Poulidor niemals, das Gelbe Trikot zu erobern. Er trug das Maillot Jaune nicht einen einzigen Tag lang! Allerdings war er manchmal sehr nah dran. Besonders 1973, als die Tour zum zweiten Mal in ihrer ruhmreichen Geschichte in den Niederlanden mit einem sieben Kilometer langen Prolog im Seebad Scheveningen begann. Wieder wurde Poulidor Zweiter, dieses Mal hinter Joop Zoetemelk. Der Unterschied zwischen den beiden war praktisch nicht zu fassen: Er betrug 80 Hundertstelsekunden.

Als Fahrer erfreute sich Poulidor bei den französischen Radsportfans großer Beliebtheit. Er war ein Mann des Volkes, freundlich und zuvorkommend zu allen. Dass er den Toursieg und das Gelbe Trikot verpasste, machte ihn nur noch beliebter.

Auf dem Höhepunkt seiner „Poupoularité" quoll sein Briefkasten über: Er erhielt Tausende Briefe, aber nicht monatlich oder wöchentlich, sondern täglich. Auch nach seinem Rücktritt als Radprofi blieb er bei den Fans beliebt und mit seinem Heimatrennen eng verbunden. Poulidor wurde Botschafter von Crédit Lyonnais, dem Hauptsponsor des Gelben Trikots. Jahrelang stand ausgerechnet er, der nie das Maillot Jaune überstreifen durfte, in einem gelben Poloshirt auf dem Podium, um dem Führenden der Gesamtwertung das legendäre Trikot zu überreichen. Eine Rolle, die er mit Verve und bis ins hohe Alter ausfüllte, zuletzt im Sommer 2019, als er bereits 83 Jahre alt war. Vier Monate vor seinem Tod und zwei Jahre bevor sein Enkel bei seiner ersten Tour in Brest an den Start gehen würde.

Wie sein Großvater, so auch der Enkel: Mathieu van der Poel gelang es nicht, das Maillot Jaune mit dem lila-gelben-Leibchen zu erobern. Im Vorfeld schien die Auftaktetappe nach Landerneau wie für ihn gemacht: Die Strecke war ein welliger Kurs mit dem Schlussanstieg an der Côte de la Fosse aux Loups, ein über drei Kilometer langer Anstieg mit einem recht steilen ersten Abschnitt und einem etwas sanfteren, aber immer noch recht langen Stich bis zum Gipfel, der eine durchschnittliche Steigung von 5,4 Prozent aufweist. Vor dem Etappen-Finale stellte er fest, dass es in so einem Tour-Peloton, insbesondere am ersten Tag, doch noch etwas hektischer zugeht als bei einem Klassiker wie der Flandern-Rundfahrt. Die vielen Kurven und Kehren an der französischen Westküste in Verbindung mit den frenetischen Zuschauern entlang der Strecke sorgten nicht nur für viel Nervosität im Feld, sondern hatten auch viele Stürze zur Folge. Als versiertem Offroad-Fahrer gelang es van der Poel aber, sich aus allem Ungemach herauszuhalten. Vor dem Schlussanstieg musste er sich dann noch irgendwie an der Spitze des Feldes positionieren, was ihm aber nicht ganz gelingen wollte. Während Deceuninck-Quick Step für ihren Kapitän Julian Alaphilippe, einem der anderen großen Konkurrenten, auf dem eher schmalen Weg zum Gipfel im ersten Teil der Côte de la Fosse aux Loups einen super *lead-out* fuhr, musste er sich schon selbst richtig ins Zeug legen, um einige Plätze gutzumachen. Van der Poel lag an fünfter Position, als Weltmeister Alaphilippe 1,5 Kilometer vor dem Ziel rausging und sich alleine absetzte. Wie die anderen Kapitäne und *Puncheure* blieb van der Poel im Sattel, während der französische Goldjunge seinen Vorsprung ausbaute. Alaphilippe siegte mit deutlichem Vorsprung, und dahinter hatte „MVDP" nicht mehr die Beine für einen Sprint. Er wurde 20. in der ersten Verfolgergruppe. Die erste Chance auf einen Etappensieg war vertan, aber am Tag darauf würde sich mit der Mur-de-Bretagne eine weitere Chance bieten. Gelb sollte allerdings ein schweres Unterfangen werden, da er unter anderem aufgrund von Zeitbonifikationen bereits 18 Sekunden hinter Alaphilippe lag.

Ein 62-jähriger Mann saß im Gras am Straßenrand und lehnte an einem Laternenpfahl. Ab und zu machte er ein Foto mit einem Fan, der ein gepunktetes Trikot trug. Wenige Augenblicke zuvor war er zum Etappenziel gefahren und hatte dann sein Auto etwas weiter unten am Anstieg geparkt. Von hier aus ließ sich das Rennen optimal verfolgen, denn die Fahrer kamen dort zweimal vorbei. Im Gegensatz zu seinem Schwiegervater Raymond und seinem Sohn Mathieu hatte er nicht mit 26 Jahren sein Debüt bei der Tour gegeben, sondern in diesem Alter sein erstes Monument gewonnen. Als Adrie van der Poel 1986 bei der Flandern-Rundfahrt ganz oben auf dem Podium stand, hatte er bereits viermal die Tour de France bestritten und einmal – 1984 – das Gelbe Trikot getragen. Und die Umstände, wie es dazu gekommen war, waren mehr als seltsam. Als Fahrer von Kwantum Hallen-Decossol war er auf der vierten Etappe mit Ankunftsort Béthune um den Sieg gesprintet. Er wurde Dritter und sicherte sich die nötigen Bonifikationssekunden, um das Gelbe Trikot von seinem Teamkollegen Jacques Hanegraaf zu übernehmen, der es an den beiden Tagen zuvor getragen hatte. Aber der Rennleitung unterlief dummerweise ein hässlicher Rechenfehler: Nicht van der Poel, sondern Etappensieger Ferdi van Den Haute wurde anschließend auf dem Podium als neuer Träger des Gelben Trikots geehrt. Es dauerte Stunden, bis man den Fauxpas entdeckte. Ein Angestellter der Organisation, der die Tagesresultate in die Mannschaftshotels brachte, bekam zusätzlich zu den Ergebnissen ein Gelbes Trikot in die Hand gedrückt, das er van der Poel dann auf dessen Hotelzimmer überreichte. Der war zwar glücklich, das Trikot schließlich doch noch in den Händen halten zu dürfen, aber der Sportliche Leiter des Teams, Jan Raas, war stinkwütend. Wegen dieses Fehlers war seinem Fahrer die Ehrung auf dem Podium entgangen und den Sponsoren des Teams damit eine Menge Publicity. Daraufhin beschloss Raas, dass sein Team das Gelbe Trikot am nächsten Tag nicht verteidigen würde. Für van der Poel blieb also nur dieser eine Tag im Maillot Jaune. Danach fuhr er noch sieben weitere Male die Tour und gewann zwei Etappen, aber Gelb blieb ihm in der Folge verwehrt.

Einen Tag zuvor. Adrie van der Poel hatte die erste Etappe nach Landerneau am heimischen Fernseher verfolgt, oder zumindest Bruchstücke davon gesehen. Wenn sein Sohn fuhr, hockte er nie stundenlang vor der Glotze, denn als ehemaliger Profi kannte er die Gefahren des Sports besser als jeder andere. Wenn er lange zuschaute, machte ihn das nur nervös. Daher erledigte er wie immer anfallende Aufgaben im und um das Haus. Vom Garten aus warf er gelegentlich einen Blick auf den Fernseher, den er eingeschaltet gelassen hatte. Gegen Ende der Etappe wurde er doch schwach und konnte mitverfolgen, was sein Sohn ihm in einem realistischen Kommentar nach dem Zieleinlauf sagte: Er habe einfach nicht die Beine gehabt, um Alaphilippe zu folgen.

Am Abend setzte sich van der Poel mit seiner Frau Corinne – der Tochter von Raymond Poulidor – sowie der Freundin seines Sohnes ins Auto und fuhr nach Frankreich, und zwar zum Zielort der zweiten Etappe, um das Rennen live zu verfolgen. Die Reise war nicht gerade ein Katzensprung, also nahmen sie unterwegs ein Hotel, um dort zu übernachten. Noch am selben

Abend rief van der Poel seinen Sohn an. Nicht, um mit ihm die Taktik für den nächsten Tag zu besprechen – das war eine Sache zwischen Mathieu und der Sportlichen Leitung von Alpecin-Fenix –, sondern um zu erfahren, wie er sich nach dieser ersten Etappe fühlte und wie der Tag verlaufen war.

Sein Sohn erklärte, dass er nicht mehr so gute Beine hätte wie bei der Tour de Suisse, bei der er zwei Etappen für sich entscheiden konnte. Danach habe er eine Impfung gegen Covid-19 erhalten und sich seitdem nicht mehr so gut gefühlt. Adrie kam die Geschichte, die er da zu hören bekam, bekannt vor und er versicherte seinem Sohn, dass er bei der Covid-Impfung eine ähnliche Erfahrung gemacht habe. Auch er hatte sich nach dem Piekser zehn Tage lang etwas schlapp gefühlt, aber an Tag elf sei es ihm wieder gut gegangen. Vielleicht würde es bei Mathieu ähnlich laufen? Die Impfung lag jetzt genau zehn Tage zurück. Bevor sie auflegten, gab Adrie seinem Sohn noch mit auf den Weg, dass es am Tag darauf bestimmt wieder besser sein würde – die gute Form aus der Schweiz könnte sich ja nicht völlig in Luft aufgelöst haben. Über das Gelbe Trikot wurde nicht einen Moment lang gesprochen. Der Senior sagte lediglich zum Junior, dass er einfach versuchen sollte, die Etappe zu gewinnen. Dafür sei er ja schließlich zur Tour gekommen.

Am nächsten Tag attackierte Mathieu van der Poel mit aller Macht mehr als 1,5 Kilometer vor dem Ziel. Er zog alle Register und überquerte als Erster die Ziellinie in Mur-de-Bretagne, nach einer etwa zwei Kilometer langen Rampe mit einer durchschnittlichen Steigung von 6,9 Prozent. Nur: Den Etappensieg hatte er damit noch nicht in der Tasche, denn die Organisatoren hatten bei der Planung keine Gnade für die Wade gekannt und die Rampe auf der Schlussrunde gleich zweimal in die Strecke integriert. Auf diese erste Passage folgte eine weitere Schleife auf einem Rundkurs, der zurück zum Fuß des Anstiegs führte. An der Stelle, an der Vater Adrie an der Strecke wartete, waren es noch etwa acht Kilometer zu fahren, aber Luftlinie war das Ziel nur etwa 500 Meter entfernt. Ihm war nicht sofort klar, was sein Sohn mit dieser Attacke bezweckte, aber das kam häufiger vor, denn Mathieu van der Poel ist bei Gegnern und Zuschauern immer für eine Überraschung gut. Auch Adrie wusste nicht immer, was in „Matjes“ Kopf vor sich ging; wer wusste schon, welche Strategie er dieses Mal ausgeheckt hatte? Er wusste aber auch nicht, dass derjenige, der als Erster die Rampe erklomm, zehn Bonussekunden auf sein Konto gutgeschrieben bekam. Alaphilippe überquerte die Rampe nicht als einer der ersten drei Fahrer, und so schmolz der Rückstand von 18 Sekunden plötzlich auf nur noch acht Sekunden. Als Adrie das hörte, wurde ihm schlagartig klar, dass im Hinblick auf die Gesamtwertung wieder alles möglich war. Es war das erste Mal an diesem Tag, dass ihm das Gelbe Trikot in den Sinn kam.

Wahr ist allerdings auch, dass Mathieu mit seiner taktischen Finesse eine Menge Körner verschossen hatte. Nach einer Zehn-Kilometer-Schleife war das Feld bereits wieder am Fuße der Rampe in Mur-de-Bretagne. Alaphilippe wie auch andere Stars – Tadej Pogačar, Primož Roglič und all die anderen – hatten noch nichts von ihrem Pulver verschossen. Nun ging es darum, schnell zu essen und zu trinken und zu hoffen, dass noch genug im Tank war, um den Anstieg noch einmal derartig hinaufbolzen zu können.

Als es nun zum zweiten Mal in den Anstieg ging, beschloss Mathieu, sich zunächst etwas zurückzuhalten und die erste Attacke abzuwarten. Schließlich trat Nairo Quintana an, doch MVDP machte ihn höchstpersönlich unschädlich. Am Teufelslappen trat der italienische Meister Sonny Colbrelli an, und wieder war es nur Mathieu, der reagierte. Er stellte Colbrelli und setzte 800 Meter weiter seinerseits eine Attacke, die das Feld endgültig sprengte.

Als Vater Adrie die Aufregung aus einem Wohnmobil etwas weiter die Straße hinunter hörte, musste und wollte auch er sehen, was da genau vor sich ging. Bis dahin hatte er gelegentlich sein Handy konsultiert, aber die Internetverbindung war so schlecht, dass er nicht viel vom Rennen mitbekommen hatte.

Jetzt beschirmte er mit einer Hand die Augen, um nicht vom reflektierenden Sonnenlicht geblendet zu werden, und sah auf dem Fernseher, der im Wohnmobil eines der Zuschauer hing, dass sein Sohn immer noch gute Beine hatte. Obwohl er zuvor schon so viel Energie verpulvert hatte, sah es so aus, als ob er noch genug Power hätte und den Vorsprung auf seine Häscher halten könnte. Als Mathieu die Ziellinie überquerte, vergaß er alle Erschöpfung und Schmerzen, riss den Arm hoch und richtete seinen rechten Zeigefinger in den Himmel. Adrie war sofort klar, dass er wahrscheinlich nicht nur den Etappensieg errungen hatte, sondern auch der neue Führende in der Gesamtwertung war. Was für ein brillanter Doppelschlag!

Bei Mathieu van der Poel dauerte es ein paar Minuten, bevor er sicher sein konnte, dass er Gelb erbeutet hatte. Als die Bestätigung kam, löste sie bei dem Etappensieger eine Menge Emotionen aus. Am liebsten wäre ihm gewesen, wenn sein Großvater noch gelebt hätte, damit er gesehen hätte, wie sein Enkel tags zuvor zu seiner allerersten Tour-Etappe gestartet wäre. Aber die Eroberung des Gelben Trikots, das Poupou nie getragen hatte, kam einer ultimativen Ehrbezeugung gleich.

Etwa zehn Minuten später stand er mit Tränen in den Augen auf dem Podium. Im Maillot Jaune und mit gleichfarbigem Mundschutz. Es war immer noch Pandemie, und so gab es die notwendigen Einschränkungen rund um den Zielbereich. So durfte zum Beispiel während der Zeremonie kein Publikum anwesend sein. Mathieu schaute sich etwas verloren um und sah plötzlich seine Mutter und seine Freundin hinter einer weiter entfernten Absperrung winken. Sofort nahm er seinen Mundschutz ab und schenkte ihnen ein breites Lächeln.

Vater Adrie beobachtete die Szene aus noch größerer Entfernung. Nach der Etappe war er mit seiner überglücklichen Frau und der Freundin seines Sohnes ins Auto gestiegen und hatte sie so nah wie möglich am Ziel abgesetzt. Danach hatte er das Auto geparkt und war in der Nähe geblieben. Es gab keinen Grund für ihn, näher heranzugehen – wenn die Journalisten ihn entdeckten, würden sie sich auf ihn stürzen, aber heute ging es einzig und allein um seinen Sohn. Von seiner Position aus konnte er in der Ferne Mathieu in Gelb auf dem Podium stehen sehen. Dass er diesen Moment selbst zuletzt vor 37 Jahren erlebt hatte, ließ ihn etwas wehmütig werden, aber auch nicht mehr als das. Was gewesen war, war vorbei; was zählte, war jetzt und was noch kommen würde. Und was Adrie van der Poel in diesem Moment sah, war ein schönes Stück Familiengeschichte über drei Generationen, die in Mur-de-Bretagne ihren Höhepunkt fand. Und das war gut so.

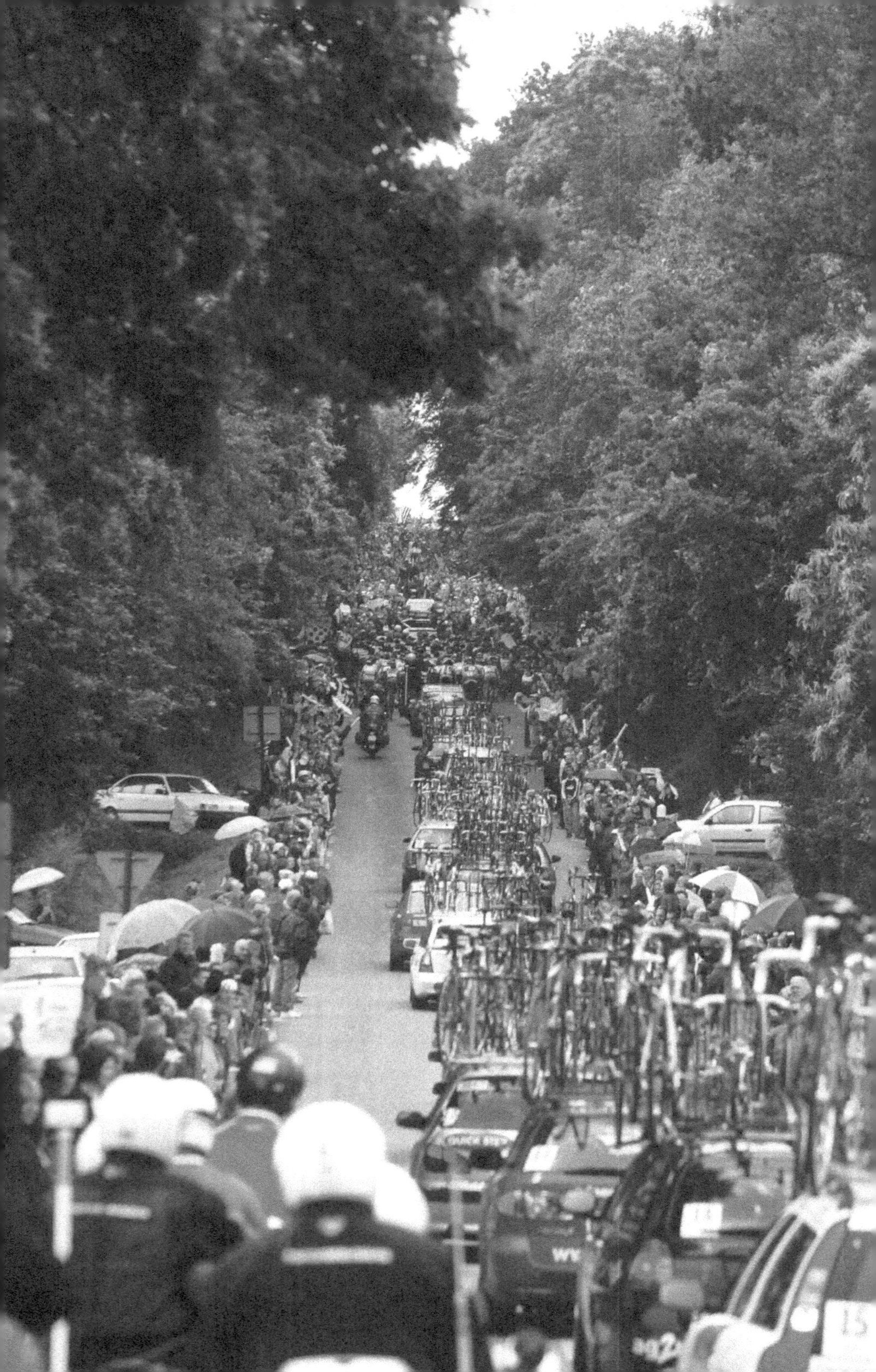

Das große Treffen:
Bei der Tour ist immer Rummel, egal ob bei der Bodenhaltung im Pressezentrum oder auf der Straße.

JÜRGEN LÖHLE: STRESS AM STEUER UND BOUILLABAISSE

Streng genommen ist die Frage nach dem Journalistenalltag bei der Tour ein wenig widersprüchlich. Alltag und Tour passen nicht wirklich zueinander, das Rennen ist sehr unstet, hektisch und fordernd. Also eigentlich alles andere als ein durchstrukturierter Tag mit der stets gleichen Routine. Wobei natürlich doch ein paar Dinge fast immer dabei sind, zum Beispiel das Verkehrschaos im Zielort, dem man eigentlich nur ausweichen kann, indem man den Zielbereich und am besten gleich den ganzen Ort sofort verlässt, sobald der letzte Fahrer die Ziellinie überquert hat. Das geht aber nur, wenn man nicht über die Etappe und die Protagonisten des Tages schreiben musst. Ansonsten, und das ist eigentlich fast immer so, sitzt man im Pressezentrum im Zielbereich fest. Wer dann zwei Stunden später den Parkplatz verlassen will, steht im Stau, weil emsige Arbeiter Tribünen und Straßenabsperrungen abmontieren und alles blockieren. Es gibt zwar einen im Handbuch als frei beschriebenen Weg aus dem Bereich heraus, aber das ist oft schlichtes Wunschdenken. Wenn also den Alltag der Tour etwas prägt, dann ist es die Hektik. Und das empfinden alle so, auch die Profis selbst und der ganze Begleittross. Hans Holczer, lange Jahre Manager beim Team Gerolsteiner, sagte einmal: »Die Tour ist schon ein super Erlebnis – aber die Hektik könnte mir gestohlen bleiben.« Wohl wahr – aber da müssen alle durch.

Das Stressniveau des Tages wird zu Beginn davon bestimmt, wo man die Nacht verbracht hat. Ist man im Zielort der Etappe geblieben, klingelt der Wecker sehr früh, meist so gegen 6 Uhr. Das muss auch sein, denn man sollte ja noch seine Geschichte für den nächsten Tag schreiben, und dann ab in Richtung Tagesziel. Die Distanz variiert dabei gewaltig. Bei Flachetappen können es vom Start bis in den Zielort deutlich mehr als 200 Kilometer sein. Im Hochgebirge gibt es oft auch Schleifen im Rennkurs, sodass es ohne die Pässe und auf dem direkten Weg ins Ziel manchmal weniger als 50 Kilometer sind. Aber auch die können sich ziehen, weil auch abseits der Strecke die Straßen voll sind mit Fans und Hobbyradlern, die irgendwie nahe an den Kurs herankommen wollen und denen des Reporters Eile herzlich egal ist.

Wie aber der Tag konkret beginnt, entscheidet oft das Hotel. Ist es das berühmte Formule 1 im Industriegebiet – nur schnell weg. Und zwar ohne Frühstück, das dort meist aus Automatenkaffee und fetttriefenden, alten Croissants besteht. Habe ich Glück, und das Hotel ist okay, der Kaffee auch, und es gibt eine hübsche Terrasse mit einer Steckdose für den Laptop, schreibe ich gern direkt nach dem Frühstück meine Geschichte. Wenn nicht, ab ins Auto und ins *village départ*. Das ist ein abgesperrter Bereich am Start, in den man nur mit Einladung oder einer Akkreditierung kommt, in dem es frischen Kaffee, regionale Spezialitäten und Zeitungen gibt und in dem, kein Witz, sich manche schon am Vormittag ein Gläschen Wein gönnen. Wir sind zwar *en france*, aber das geht für uns Schreiber natürlich nicht, es sei denn, man hat einen Chauffeur, wie es manche Reporterlegenden früher tatsächlich hatten. Aber wie dem auch sei – es kommt der Moment, an dem man Richtung Ziel unterwegs ist. Wann immer es geht und ich Zeit dazu habe, fahre ich über die Rennstrecke, weil man dann später weit authentischer über das Rennen schreiben kann. Und auch, weil man auf den Straßen ein Stück Freiheit erlebt. Der Kurs ist ja für den normalen Verkehr gesperrt, die Ampeln sind ausgeschaltet, und es ist ausgeschlossen, dass einem jemand entgegenkommt – abgesehen von Ausnahmen. Du fühlst dich da generell einfach ein Stückchen entspannter, aber auch das kann sich schnell ändern. Ein Beispiel: Ich hatte einmal ein Auto des Stuttgarter Herstellers mit dem Stern dabei. Einzige Bitte für das Leihangebot: ein Foto des Autos bei der Tour für ihre Mitarbeiterzeitschrift. An einem Tag in den Alpen hatte ich mich deshalb am Aufstieg zum Col de la Madeleine mit einem Fotografen verabredet. Wir wollten eine spektakuläre Landschaft für ein Bild mit Zuschauern im Hintergrund haben. Der Fotograf kam etwas spät, und bei den Aufnahmen haben wir beide ein wenig die Zeit vergessen. Plötzlich bremst ein Motorrad-Polizist und sagt freundlich, aber doch sehr bestimmt: »Macht euch sofort vom Acker, in drei Minuten kommt die Spitze des Feldes«. Dazu muss man wissen – bergauf hat man im Auto kein Problem, Distanz zu den Profis zu halten, bergab muss man aber schon ein versierter Autofahrer sein, um nicht zum Hindernis für das Peloton zu werden. Und da unser Fotopunkt knapp unterhalb der Passhöhe lag, hatte ich etwa drei Minuten Vorsprung für die elf Kilometer Abfahrt. Mir war schnell klar: Das wird eng. Zumal das Auto eine recht schwere Limousine war, durchaus bequem, aber wirklich nicht das ideale Gefährt für kurvenreiche Abfahrten.

Es kam, wie es kommen musste: Nach knapp der Hälfte der Abfahrt tauchen die Führungsmotorräder im Rückspiegel auf. Über den Tourfunk werde ich jetzt doch eher rüde angeblafft, Gas zu geben, was ich zwar schon die ganze Zeit tue, aber offenbar zu wenig. Kurz darauf blinken abwechselnd die EPS- und ABS-Warnleuchten und ich rase kurz vor dem Herzinfarkt in Richtung Tal. Ein Höllenstress, weil man ja nicht eben mal rechts ranfahren kann, um das Feld vorbeizulassen. Rechts sind entweder Abgrund oder Abzweigungen, die aber mit Gittern abgeriegelt sind. Irgendwie erreiche ich mit nassem Hemd und Puls 180 das Tal. Auf der ersten langen Geraden dann Vollgas, um endlich ein wenig Luft zwischen mich und das Rennen zu bekommen. Am Abend gibt es dann noch den offiziellen Rüffel der Tour-Leitung,

Die Deutsche Nationalbibliothek verzeichnet diese Publikation
in der Deutschen Nationalbibliografie; detaillierte bibliografische
Daten sind im Internet über http://dnb.dnb.de abrufbar.

Die Originalausgabe erschien unter dem Titel
„Incroyable! – Bijzondere ritwinnaars in de jongste jaren van de Tour de France"
bei Ambo|Anthos uitgevers, Amsterdam
www.amboanthos.nl

1. Auflage
ISBN 978-3-667-12861-4

Bearbeitung der deutschen Ausgabe:
Covermotiv: Kristof Ramon, www.kramon.be
Übersetzung: René Stein
Lektorat: Klaus Bartelt, Stephanie Jaeschke, Andrea Clages
Umschlaggestaltung: Felix Kempf, www.fx68.de
Gesamtherstellung: Die Werkstatt Medien-Produktion GmbH, Göttingen
Druck & Bindung: CPI, Leck

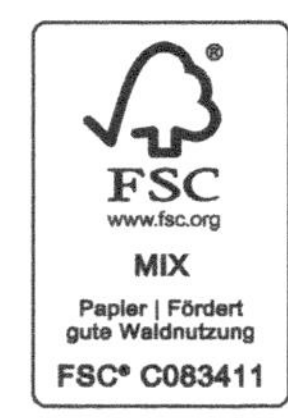

Der Verlag möchte sich für die Unterstützung des Dutch Foundation for Literature bedanken.

Delius Klasing Verlag GmbH, Siekerwall 21, D – 33602 Bielefeld
Tel.: 0521/559-0, Fax: 0521/559-115
E-Mail: info@delius-klasing.de
www.delius-klasing.de